Evaluation of E-participation

제한적 *e*-시민참여와
선택적 정부 활용

Evaluation of E-participation

제한적 e-시민참여와 선택적 정부 활용

윤종현 지음

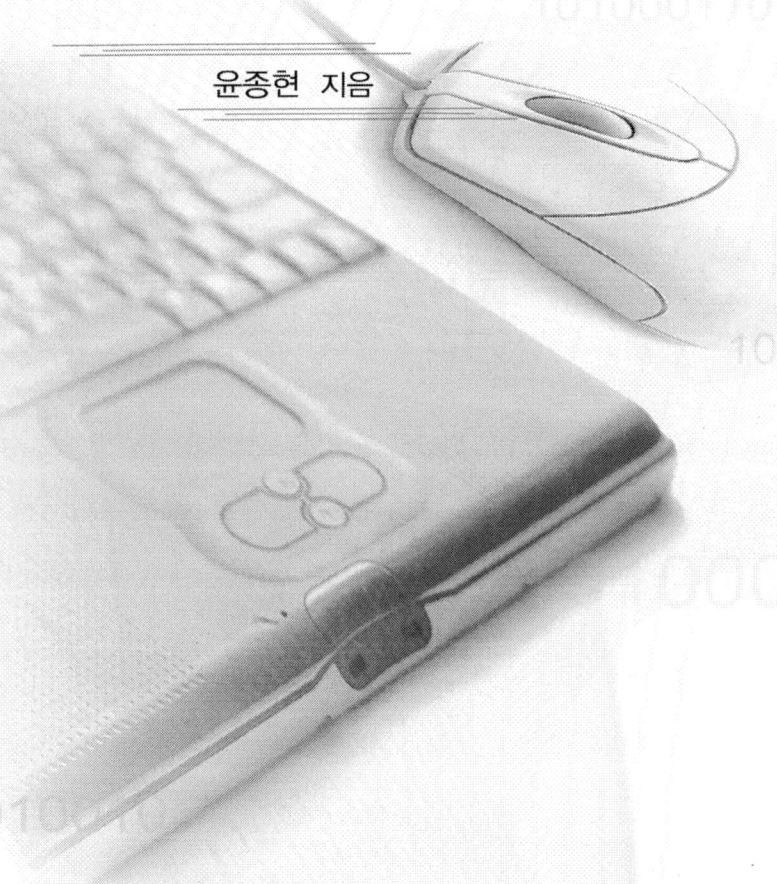

한국학술정보(주)

서문

21세기 지식정보화 사회를 맞아 선진국은 물론 우리나라 정부는 정보통신기술을 이용하여 시민들의 참여를 증진하고, 작고 효율적인 정부를 구현하기 위한 전자정부(e - government), 더 나아가서 전자 거버넌스(e - governance)를 구현하고자 노력하고 있다. 하지만 전자정부와 전자 거버넌스의 핵심 사항 중 하나인 '전자적 시민참여'는 기대 이하의 성과를 얻고 있다고 한다.

이 책에서는 '왜 이렇게 시민참여가 저조한가?' 그리고 '이와 관련한 정부의 문제는 무엇인가?'에 대하여 체계적으로 설명하고자 노력하였다. 이를 위하여 이 책은 제Ⅰ부 이론과 제Ⅱ부 평가로 구분하여 이 문제들을 다루었다.

제Ⅰ부 이론 부분은 관련 이론과 기존 논의를 구체적으로 담았다. 즉 제1장에서 '전자적 시민참여란 무엇인가?', 제2장에서 '전자적 시민참여결과 활용이란 무엇인가?' 그리고 제3장에서 '전자적 시민참여 지원활동 평가란 무엇인가?'에 대하여 살펴보았다.

제Ⅱ부 평가 부분은 정부 부처 공무원을 대상으로 실제 평가를 수행한 과정과 결과를 담았다. 제1장에서 전자적 시민참여 지원활동 파악과 측정을 어떻게 할 것인가? 제2장에서 시민들은 얼마나 참여하는가? 그리고 제3장에서 정부는 어떻게 활용하는가에 대하여 실증적으로 분석하였다.

이 책은 기존의 시민참여를 지원하는 전자정부 사업의 문제점을 지적하고, 그 해소 방안을 소개하였다. 또한 이러한 정부 지원의 문제점이 시민들의 참여가 저조하게 되는 원인을 제공하고 있음을 보여주었다. 마지막으로 전자정부를 통한 행정의 민주성 향상에 걸림돌이 되고 있는 시민제안 이후의 활용상의 문제점을 발견하고, 이를 해소하는 방안을 제시하고 있다.

아무쪼록 이러한 논의가 진정한 의미의 시민참여를 통한 전자정부를 구현하는 데 도움이 되길 바라며, 더 나아가서 이에 대하여 관심이 있는 학자, 공무원, 시민활동가 및 학생들에게 유용하게 활용되기를 바란다.

끝으로 이 책의 출판을 맡아주신 한국학술정보(주) 사장님과 임원 그리고 편집과 교정을 맡아주신 편집부 직원 분들께 감사드린다. 또한 필자의 앞길에 희망이 되어주시는 하나님과 주님 그리고 존경하는 부모님과 사랑하는 가족들에게 감사드린다.

2008년 12월 21일

윤송현

차례

제 II 부 평가 • 47

제 I 부

이론

제1장

전자적 시민참여란 무엇인가?

1. 전자적 시민참여의 개념 · 특징

전자적 시민참여는 시민들이 정보통신기술을 이용하여 정부 활동에 참여하는 것을 의미한다. 시민들이 활용할 수 있는 정보통신기술로 인터넷에 연결된 컴퓨터, 휴대폰, 팩스 등이 있다.

이 책에서는 정책과 사업에 대한 실제적인 시민참여의 중요성을 인식하고, 정부 홈페이지를 이용한 시민참여로 한정하여 다루고자 한다.

전자적 시민참여의 개념을 구체적으로 살펴보고자 한다. 이의 개념을 명확히 하기 위해서는 시민참여에 대한 이해가 필요하다. 시민참여1)의 개념은 학자에 따라서 다양하게 정의된다.

학자들의 시민참여에 대한 정의를 살펴보면, '시민참여를 공권력이 부여되지 않은 일반시민들이 공적 권한이 부여된 사람들의 행위에 영향력을 미칠 의도로 정책결정과정에 참여하는 것'이라고 정의하였다(신용우, 1986; Sindney Verba, 1967). 또한 시민참여의 개념을 '사회의 보통 구성원인 시민이 정책결정에 영향을 미치고자 하는 행동'(이승종, 1997; Nagel, 1987), '시민의 선호와 가치를 행정서비스에 반영하려는 행동'(윤상오, 2003; Zimmerman, 1986),

---

1) 여기서 시민이라는 표현을 쓴 까닭은 그 자격에 제한이 없으며, 정책역할 수행의 법적 의무가 부과되어 있지 않은 사람들이라는 뜻을 전달하기 위해서이다. 시민은 개인일 수도 있고 집단이나 지역사회 공동체일 수도 있다. 그리고 정책에 대한 구체적 참여자로서 국민을 행정학에서는 시민이라고 불러왔다. 국민의 참여를 국민참여라 하지 않고 시민참여라고 하는 것은 일반적 관행이다(오석홍, 2004: 85).

'정부에 대한 영향력 행사 또는 지지를 위한 시민의 활동'(Milbrath and Goel, 1977: 2) 그리고 '지역사회의 일반시민이 그 지역사회의 공공사무와 관련된 결정에 대하여 권력을 행사하는 과정'(James V. Cunningham, 1972: 595) 등 다양하게 정의되었다.

기존 정의를 종합하여 전자적 시민참여를 정의하여 보면 일반시민이 정부부문의 정보통신기술을 이용하여 정부 정책에 대한 선호와 가치를 정책과정에 직·간접적으로 반영하려는 활동이라고 할 수 있다.[2]

전자적 시민참여의 특성을 이해하기 위해서는 정부 홈페이지를 지원하는 인터넷의 두 가지 특성인 핵심 기술 측면과 비용 측면에 대한 이해가 필요하다. 먼저, 인터넷의 핵심 기술은 TCP / IP, Client - Server System과 HTML / JAVA 등이 있다.

TCP / IP는 기본적으로 어떠한 상황에서도 원하는 목적지에 원하는 메시지를 정확하게 전달할 수 있는 토대를 마련했으며, 어디에서(from who) 어디로(to whom) 전달되는 정보의 흐름을 보장할 수 있게 되었다. 그리고 Client - Server System은 인터넷이 쌍방향적인 커뮤니케이션이 가능하도록 하는 구조를 형성한다. 또한 HTML과 JAVA는 인터넷이 기존의 문자정보뿐만 아니라 사진이나 그림, 음향 등의 다양한 정보를 담을 수 있고 서로 관련이 있는 정보의 위치를 편하게 찾아갈 수 있게 해 준다(유일상, 2002: 332). 이러한 핵심 기술의 특성은 기존의 시민참여와는 달리 의사소통 흐름에 있어서 변화를 준다(김구, 2002: 376; Rocheleau, 1999). 즉 공공적 참

---

2) 이와 관련하여 영국 정부는 '전자적 시민정책참여(e - engagement)를 정부와 시민간의 대화나 협의를 위한 기회의 기능성'이라고 설명하고 있다(OECD, 2003: 32).

여가 증대하고, 시민과 정부 간의 상호작용이 가능하게 된 것이다.

비용 측면에서 살펴볼 때 인터넷은 커뮤니케이션과 정보의 구성에 있어서 경제적 비용을 절감한다. 다시 말해서 인터넷을 이용함으로써 네트워크 관리비용과 전화, 팩스 비용 등을 포함하는 커뮤니케이션 비용을 줄여 나가고 있다(Quelch & Klein, 1996).[3] 그리고 인터넷은 유통 비용 절감을 통한 효율성 제고, 거래 시간 단축, 유통 채널 갈등 최소화, 현실적인 고객 정보 획득, 내부 / 외부 의 사소통의 효율적 수행, 관계 마케팅을 통한 소비자와의 유대 강화, 프로세스의 일원화를 통한 효율성 증대, 오류 및 재작업의 감소, 업무의 전산화로 시간과 비용 절감 등의 효과를 준다(Hoffman, Novak, & Chatterjee: 1995).[4]

이러한 비용의 절감은 시민참여의 활성화(문신용, 2000: 21 – 22)는 물론 정책결정방식의 변화(김구, 2002: 377)를 가능하게 한다. 그리고 인터넷은 구매자에게 제공하는 정보는 필요 이상으로 많은 정보를 신속하게 제공한다(Massetti, White & Spitler, 1999).

2. 전자적 시민참여의 필요성

전자적 시민참여의 필요성을 행정의 민주성[5] 확보와 행정의 효

---

3) http://web.mit.edu/smr/ 참조

4) http://www.ascusc.org/jcmc/ 참조

5) 민주성이란 민주적인 행정을 말하며, 국민의 의사를 행정에 반영하고 국민을 위한 행정을 수행하자는 것이다. 행정이 대외적으로는 행정과정의 민주화로써 국민의사를 행정에 반영하고 국민에게 책임을 지는 행정을 의미하며, 대내적으로는 행정관리의 민주화로써 인간욕구의 충족과 근로생활의 질을 향상시키고자 하는 것을 뜻한다(박연호, 2003: 143).

율성 확보 측면에서 살펴볼 수 있다. 먼저, 행정의 민주성을 확보하기 위하여 전자적 시민참여가 필요하다. 행정 국가화 현상으로 인하여 행정이 중요한 정책결정을 실질적으로 좌우하게 됨으로써 행정의 전문화·기술화를 촉진시켰고, 행정부의 권한과 기능이 확대되었다. 반면에 입법부나 사법부에 의한 전통적인 행정통제는 무력하게 되고 대의정치가 퇴색되었다(김홍기, 1983: 343 - 344).

이러한 민주주의의 위기로부터 대처하고, 기존의 대의제 민주주의의 한계점인 시민의 의사를 정책결정과정에 제대로 반영시키지 못하는 점을 극복하기 위하여 전자적 시민정책참여가 필요하다(이승종, 1993: 24). 이러한 측면은 전자적 시민참여가 직접 민주주의에 근접하여 복잡한 현대사회의 문제를 잘 해결할 수 있을 것이라고 가정하고 있다. 즉 정부는 정책전문가와 관료들의 시각이 아닌 시민들의 많은 견해를 수용함으로써 보다 정책문제를 더욱 잘 해결할 수 있다는 것이다(김상묵 외, 2004: 863; Peters, 1996).

다음으로, 행정의 효율성을 확보하기 위하여 전자적 시민참여가 필요하다. 시민의 참여의 결과로 확보된 새로운 정보는 기존의 정부의 비효율적 업무를 완화시키거나, 정책의 질을 향상시키는 데 활용이 가능하다. 이러한 시민으로부터 얻은 정보를 통하여 행정의 능률성과 효과성을 증진시킬 수 있기 때문에 전자적 시민정책참여가 필요하다(김상묵 외, 2004: 863 - 864; Beierle, 1998; Walters, Aydelotte, & Miller, 2000).

전자적 시민참여의 필요성으로서 제기된 행정의 민주성 확보와 행정의 효율성 확보는 둘 다 추구되어야 할 사항들이다. 하지만 두 가지의 측면은 상반되는 측면이 있다. 행정의 민주성이 확보되

려면 많은 시간과 노력을 들여서 시민들의 의견을 수집하고, 이에 대한 정부의 대응 그리고 협의와 조정이 필요하다. 이러한 민주성을 확보하기 위하여 들어가는 시간과 노력이 오히려 효율성을 떨어트리게 된다는 점이다.

반면에 행정의 효율성은 문제해결을 위한 정보의 획득과 사용에 그 주안점이 있다. 많은 시민들의 의견들이 중요한 것이 아니라 핵심 된 사안에 대한 대안들 혹은 경험들이 필요한 것이다. 이런 경우에 있어서 자칫 잘못하면 민주성을 저해하기도 한다.

이렇게 두 가지 측면은 상반된 성격을 지니고 있다. 하지만, 정보통신기술의 특성은 이러한 상반된 측면을 어느 정도 완화시켜 주는 역할을 한다. 정보통신기술의 사용은 행정의 민주성 확보를 하는 데 이전보다 적은 시간과 노력을 들게 한다. 다시 말해서 행정 효율성을 지니면서 행정민주성의 확보가 어느 정도 가능하게 된 것이다.

3. 전자적 시민참여의 등장 배경 · 접근 관점

전자적 시민참여의 등장 배경을 기술적 동인과 사회적 동인으로 설명이 가능하다. 먼저, 기술적 동인은 정보통신기술의 고도화로 인하여 시민참여의 체계적인 변화가 이루어졌다고 설명한다. 특히, 정보통신기술의 시간적 · 공간적 제약을 극복하여, 컴퓨터와 통신망을 통하여 누구나, 언제나, 어디서나 정보자원을 교환할 수 있도록 해 준다는 점에서 시민참여도 전자매체를 이용하여 기존과는 다른 성격의 시민참여가 도입되었다는 것이다.

다음으로, 사회적 동인은 국가 경쟁력 제고, 민주성 향상, 대민 행정서비스의 제고 등과 같은 목적으로 전자적 시민참여가 시행되고 있다고 설명한다.

전자적 시민참여의 등장 배경을 범정부적 민원·제안 관리 혁신, 전자정부 혁신 그리고 행정개혁으로 설명된다.

첫째, 범정부적 민원·제안 관리 혁신을 위하여 전자적 시민참여가 도입되었다. 참여정부 시 이러한 범정부적 민원·제안 관리 혁신은 노무현 전 대통령의 민원혁신에 대한 강한 의지를 반영하였다. 실제로 대통령은 이와 관련하여 다양한 언급을 하였는데, 그간의 국정업무 과정에서 민원과 관련된 노무현 전 대통령의 대표적인 언급은 아래와 같다.[6]

> ❏ "규정의 잘못으로 해결되지 않는 민원, 제도화되지 않는 적체된 민원, 국회에 입법할 수도 없는 민원을 찾아 해결할 것."
> "너무 많은 민원들이 적체되어 있어 이를 풀어주자는 것, 제도화하자는 것. 비어 있는 곳이 많이 있으니 우리 경험에서 비추어 찾아내어서 끊임없이 시도해 볼 것."('03. 4. 3. 국민참여수석실 업무보고 중)
>
> ❏ "신문에도 나오지 않고 여론의 압력으로 공론의 장으로 처리되지 않는 작은 문제들을 국민참여수석실이 풀어가야 함. 그리고 각 부처에 소위 제도개선팀을 만들고 이런 것을 적극적으로 발굴하고, 이런 문제에 부딪혀 있는 시민들과 활발하게 토론할 수 있는 협의 창구, 즉 시스템을 만들자는 것."
> "국민참여수석실이 민원 창구에서 그냥 묻혀버리고 넘어가는 문제에서 제도개선 과제를 발굴 추진하여 우선 경험을 축적, 각 부처가 벤치마킹을 하게 하고 장기적으로 제도개선 팀을 만들게 하는

---

6) 2003년 7월 23일, 청와대 영빈관에서 개최된 「민원·제도개선 담당공무원과의 대화」 행사에서 노무현 대통령에게 보고된 자료에서 발췌하였다(행정자치부, 2003).

것이 나의 구상."('03. 4. 24. 수석·보좌관회의 업무보고 중)

❑ "여론마당에조차 올라오지 못하는 국민들의 불편사항, 행정기관 내부 혹은 공직자들의 잘못된 관행이나 부처 간 비협조 때문에 발생하는 민원을 해결하기 위한 시스템을 구축할 것."('03. 5. 1. 수석·보좌관회의 업무보고 중)

❑ "여론에 노출되지도 않고 또는 집단 간의 문제제기로 잘 이어지지도 않는, 집단은 집단인데 아주 작은 것이어서 중앙정부 차원에서 접근이 되지 않는 영세민원인들, 특히 지위와 힘이 약한 민원인들의 것을 잘 발굴해서 제도를 합리화하고, 민생의 불편을 해소할 것."('03. 6. 5. 수석·보좌관회의 업무보고 중)

둘째, 전자정부 혁신의 일환으로 전자적 시민참여가 수행되었다. 참여정부 시에는 전자정부 로드맵을 구성하여, 미래 전자정부를 구현하였다. 그중에서 전자적 시민참여와 관련된 대민 서비스 분야는 전자 민원처리 혁신과 전자적 참여 확대를 그 방향으로 하고 있다(전자정부특별위원회, 2003).[7]

셋째, 행정개혁의 일환으로 전자적 시민참여를 도입하였다. 행정개혁 로드맵의 '국민과 함께하는 일 잘하는 정부' 비전의 목표로서 '함께하는 정부'를 실현하기 위하여 전자적 시민참여가 추진되었다. 이는 시민사회와 협치 강화의 일환으로서 시민사회의 모니터링과 정책공동체 운영의 성격을 갖는다(정부혁신지방분권위원회, 2003).[8]

---

7) 전자적 참여 확대의 주요활동 내용은 1) 행정정보의 인터넷 공개 확대(행정정보 및 주요정책 정보 등의 공개 확대), 2) 전자적 참여 채널 확대(전자포럼 도입, 온라인 여론조사 정착, 전자 주민투표제 도입, 전자 선거제 도입 등), 3) 전자정부 서비스 이용 활성화(전자정부 서비스 홍보 강화, 접근성 제고 및 보편적 전자정부 서비스 제공) 등이다.

8) '함께하는 정부'는 기존에 행정의 대상으로서 국민을 인식한 것을 국정 파트너로 인식하고, 여론을 행정과정에 반영하는 제도가 미흡했는데 이를 제도적으로 보완하여 민·관 협치 체제를 구축하며, 공익활동에 대한 체계적인 구축과 활용을 개선의 방향으로 정하고 있다.

전자적 시민참여의 접근 관점은 크게 전통적 행정 접근 관점과 거버넌스 접근 관점으로 구분할 수 있다. 먼저, 전통적 행정 접근 관점에서 정부는 시민참여를 행정 동원의 일환으로 활용하여 왔다. 그러나 시민은 정부가 유도하거나 시키는 참여에 대해서는 소극적이고 냉담한 경우가 많다. 시민은 이해관계가 있고 필요가 있다고 생각할 때 열심히 참여하는 경향이 있다. 그리고 절실한 필요가 있을 때에는 제도적 통로를 벗어나서 격렬한 행동을 보이기도 한다. 이처럼 전통적인 관점에서 정부 활동에 대한 시민참여는 갈등이 야기될 소지가 있다(오석홍, 2004: 855).

다음으로, 거버넌스(governance)[9] 접근 관점에서 시민참여는 행정의 필수요소로 인정되고 있다. '사회가 스스로를 이끌어 나가는 과정'(윤상오, 2003)에서 시민은 이들 국정참여자 중(정부, 시민, 사회, 시장)의 한 부분이며, 파트너가 된다. 이런 경우 시민참여는 정부 관료제에 대한 민주적 통제는 물론, 국정참여자들과의 협력체제와 신뢰관계를 향상시켜 국정운영의 성과를 도출하는 중요한 활동이 된다.

전자적 시민참여의 접근 관점은 전통적 행정 접근에서 거버넌스 접근 관점을 지향하고 있다. 그리고 거버넌스 접근 관점으로의 이동의 가능성은 전자 매체의 발달에 있다고 해도 과언이 아니다. 하지만 거버넌스 접근 관점의 기초사항으로 시민참여를 행정의 필수요소로 인정하는 것은 전자 매체로 인하기보다는 근본적으로는

---

9) 거버넌스 개념을 통한 행정관리 활성화 방안은 논자에 따라 국가역할의 최소화, 기업주의적 통치, 새로운 공공관리 등의 의미로 다양하게 사용되기도 한다. Stoker는 거버넌스 개념을 "상호의존성, 자원의 교환, 게임의 규칙과 국가로부터의 상당한 자율성을 특징으로 하는 자기조직적인 조직간 네트워크"로 정의하고 있다(Stoker, 1998: 15).

조직문화, 법·제도 등과 관련되는 사항이다(OECD, 2003). 이러한 조직문화, 법·제도 변화의 속도가 느리기 때문에 전자적 시민참여는 상당부분 전통적 행정 접근의 성향을 갖는다.

4. 정책과정별 전자적 시민참여 수준과 수단

　정책과정별 전자적 시민참여 수준과 정책과정별 전자적 시민참여 수단을 살펴보고자 한다. [표 1]은 정책과정별 전자적 시민정책참여 수준을 나타내고, [표 2]는 정책과정에 따른 전자적 시민참여 수단을 소개하고 있다.

　일반적으로 정책과정은 정책의제설정, 정책결정, 정책집행 그리고 정책평가로 구분할 수 있다. 먼저, 정책의제설정 과정은 사회문제의 일부를 정책문제로 채택하는 과정이다. 정책결정 과정은 앞서 선택된 정책문제에 대하여 정책목표와 이에 대한 대안의 검토를 위한 정책분석과 이를 최종적으로 채택한다. 정책집행에서는 결정된 정책을 실현하는 것이다. 마지막으로 정책평가는 이러한 정책결정과정의 제 측면을 검토하여 보다 바람직한 정보를 제공하는 과정이다(정정길, 1998: 18).

　시민참여 수준은 다양하게 정의된다. 먼저, Sherry Arnstein(1969)의 시민참여 수준(ladder of participation)과 OECD(2001, 2003)의 시민참여 수준이 대표적이다. Sherry Arnstein(1969)의 시민참여 수준은 크게 3가지 수준으로서 폐쇄적 참여, 명목적 참여, 시민 권력적 참여로 구분한다. 이를 8가지로 세부적으로 구분한다. 즉 폐쇄적 참여 수준에 조작(manipulation)과 치료(therapy)수준이 해당되고, 명목참여 수준에 정보제공(informing), 협의(consultation), 유화(placation) 수준이 해당된다. 시민 권력적 참여에 협력(partnership), 권한 이양(delegated power) 및 시민 통제(citizen control) 수준으로 구분한다.

Sherry Arnstein의 시민참여 수준의 특징은 시민참여의 수준이 다양하며, 시민들은 자신의 상황과 목적에 따라 다른 수준의 참여를 시도할 수 있다. 하지만 이 경우 수준이 너무 지나치게 구분되어 있다는 단점이 있다.

OECD의 경우, 시민참여를 세 가지 유형으로서 정보제공(information), 협의(consultation), 적극적 참여(participation)로 구분한다(OECD, 2001: 23; 김영삼, 2002).

정보제공은 정부에서 생산하는 정보를 시민들이 사용할 수 있도록 일 방향으로 제공하는 것이다. 그리고 협의(consultation)는 시민이 정부 측에 환류정보를 제공하는 양 방향성을 갖는 관계이다. 정부가 시민의 견해를 알고자 하고, 그래서 정보제공이 필요한 이슈에 대하여 사전에 명확하게 하고자 하는 것이다. 예를 들면 여론조사, 입법초안에 대한 코멘트 등이다. 적극적 참여(participation)는 정부와 파트너십을 바탕으로, 시민이 정책결정과정에 적극적으로 참여한다. 최종정책결정이나 정책형성에 대한 최종적인 책임은 정부가 지지만 정책선택을 제안하거나 정책대화를 형성하는 것을 시민의 역할로 인정한다.

[표 1] 정책과정별 전자적 시민참여 수준

정책과정	정보 제공	협 의	적극적 참여
정책의제설정	• 백서, 정책 문서	• 대규모 의견조사 • 토론회, 시민패널 활용	• 법률이나 정책의 대안제시
정책결정	• 입법프로그램 • 법률 및 규제 초안	• 법률안에 대한 의견수렴	• 정책의제 및 대안에 대한 공적 토론
정책집행	• 새로운 정책 혹은 규제 시행	• 부수적 법률안 마련을 위한 포커스그룹 활용	• 시민사회단체와 협력, 새로운 법률에 대한 순응 확보 위한 정보 제공
정책평가	• 평가 및 참여기회에 대한 공지	• 정부평가프로그램 및 결과 검토 시 이해관계자 참여	• 시민사회단체에 의한 독자적 평가

*자료: 김상묵 외(2004: 867) 및 OECD(2001: 22) 수정보완.

[표 2] 정책과정별 전자적 시민참여 수단

정책과정	정보제공	협 의	적극적 참여
정책의제설정	• 사이트별 검색엔진 • 새 정책이슈 e-mail 알림 • 여러 외국어로 번역지원 • '이상한' 표현 제거를 위한 문체 점검	• 온라인 조사 및 여론조사 • 토론 포럼 • 평가 e-mail • 게시판 • 자주하는 질문(FAQs)	• 온라인 공동체 • 온라인 청원 • 온라인 국민투표
정책결정	• 여러 외국어로 번역지원 • '이상한' 표현 제거를 위한 문체 점검 • 기술적·법적 용어 해석을 돕는 정교한 문체 점검	• 증거 관리 설비 • 전문가 인적 정보 • 토론 포럼 • 온라인 시민배심원 • 온라인 공동체	• 온라인 시민배심원 • 온라인 공동체 • 온라인 청원 • 법률 개정에 대한 온라인 국민투표
정책집행	• 자연언어 문제 점검 • e-mail newsletter	• 토론 포럼 • 온라인 시민배심원 • 온라인 공동체	• 타깃집단에 대한 e-mail 명부명단
정책평가	• 온라인 피드백 • 연보의 온라인 발간	• 온라인 조사 및 여론조사 • 토론 포럼 • 평가 e-mail • 게시판 • 자주하는 질문(FAQs)	• 온라인 청원 • 온라인 국민투표

*자료: 김상묵 외(2004: 867) 및 OECD(2001: 22) 수정보완.

5. 전자적 시민참여의 설명모형

1) 공론장모형

공론장모형[10])에 따르면 인터넷이 공론의 장으로서 사회구성원들의 다양한 목소리를 수용하면서 집단 간의 의사소통이나 상호작용을 증대시켜 시민사회 발달과 민주주의를 진전시킨다(민경배, 2002: 35). 즉 정부의 홈페이지는 시민들의 자발적인 참여를 촉진시켜 줄 것이라는 점에 강조점을 두고 있다.

Harbermas(1989)는 공론장의 개념을 공공문제에 대하여 일정한 공간에 모여 동등한 참여자로서 협의하고, 숙의하는 것으로 설명한다. 그에 따르면 공론장이 되기 위한 조건으로서(박형준, 1996), 첫째, 보편적 접근 가능성(general accessibility)을 갖춰야 한다. 즉 모든 참여자들의 동등한 참여가 보장되어야 한다. 둘째, 보편적 규범과 합리적 정당화가 이루어지는(general norms and rational legitimations) 공간이어야 한다. 따라서 모든 담론의 비판 및 반박 가능성이 열려 있어야 한다. 셋째, 명령, 반대, 허락, 금지 등 규제적 언술 행위(regulative speech)에 대해 어느 한쪽이 특권을 갖지 말아야 한다. 넷째, 자기 자신의 태도, 감정, 의도 등을 솔직히 드러낼 수 있어야 한다.

공론장모형에 따르면 정부 홈페이지 운영의 주체가 정부이기 때문에 정부의 의지와 운영 원칙에 따라서 공론의 장인 홈페이지의 특성이 달라질 수 있음을 시사한다.

---

10) 공론장(public sphere)이란 정치 문제에 대한 공론, 여론 형성의 제도적 장소로서, 정치적 정당성을 부여하는 핵심 공간이다.

Arendt(1973)는 서로 다른 다양한 위치와 입장을 가진 많은 사람들 사이에 존재하는 공통의 관심이 공개화되는 지점에서 공론장이 형성된다고 한다. Arendt의 공론장은 인터넷에서 시민의 참여와 역동적인 참여활동의 과정을 설명하는 데 시사점을 준다. 하지만 시민사회의 특정 현안과 임시적인 사항을 설명하고 있다는 한계점을 갖는다(민경배, 2002: 36).

2) 연대모형

연대모형에 따르면 인터넷이 사회구성원들의 연대인 집단과 집단, 개인과 개인 그리고 집단과 개인 사이의 연대를 형성하는 데 기여한다(민경배, 2002: 42). 연대모형은 인터넷이 시민들의 결합을 촉진시켜 줄 것이라는 점에 강조점을 두고 있다. 하지만 정부 홈페이지에서 시민참여는 시민들의 결합보다는 시민과 정부 간의 결합을 부분적으로 촉진시켜 준다고 할 수 있다.

정부 홈페이지는 일반적인 인터넷 공간과의 차이가 존재한다. 포털사이트, 커뮤니티, 미니홈피, 클럽 및 블로그에서 자신의 의견과 같이하는 사람들을 쉽게 만날 수 있는 기회가 많은 데 비하여 정부 홈페이지는 많은 사람들에게 알려져 있지 않을 뿐만 아니라 다른 사람들과의 연대가 쉽지 않다.

Deleuze & Guattari(1980), Guattari(1977)는 시민참여의 전략으로서 '분자 운동'과 '횡단성의 정치'를 제안한다. 분자 운동이란 각각의 분자적 개개인이 상이한 이해관계에 근거해 자신의 주변에 퍼져 있는 일상적 문제를 제기하고, 이것들이 대규모로 모아지면서

보다 거시적인 사회문제로 확대 발전되어 나가는 것을 말한다. 그리고 횡단성의 정치란 명령의 수직적 위계질서와 전통적 역할 분배를 거부하고 수평적인 관계를 수립해 나가는 한편, 이미 구획되어 있는 사회적 경계와 틀을 뛰어넘어 타인과 다른 집단 그리고 자신 외의 영역과 끊임없이 접촉을 시도하는 행위를 의미한다(민경배, 2002: 43).

Melicci(1989)는 다수의 개인들이 상호작용을 통해 사회운동의 목표와 수단 및 환경에 대한 정의를 공유해 나가 '집합적 정체성'(collective identity)을 형성한다고 한다. 이러한 집합적 정체성은 다양한 행위지향성을 가진 행위자들 간의 상호작용을 통한 협상(negotiation)과 적응(adaptation)의 과정을 통해서 얻어진다고 한다(임희섭, 1999; 민경배, 2002: 48 - 49).

3) 자원동원모형

자원동원모형에 따르면 시민참여는 주체집단의 기획에 의해 만들어지는 것이며, 인터넷은 이러한 의도된 동원을 효과적으로 수행하는 데 기여한다. 이처럼 자원동원모형은 사회운동에 있어서 조직화된 매개집단의 역할을 강조점을 두고 있다(민경배, 2002: 52). 이에 따르면 정부 홈페이지에서 매개집단은 정부가 되며, 정부는 홈페이지를 통하여 이전보다는 쉽게 시민들이 참여할 수 있게 되었다고 설명할 수 있다.

자원동원모형에 따르면 시민참여 운동의 발생과 전개의 핵심적인 요인은 행동에 필요한 자원(resources)과 기회의 구조(structure of opportunities)라고 주장하고 있다. 이 모형은 시민참여 운동에 관한 논의의 초점을 '개인' 차원에서 '집합적 행위자로서의 조직' 차원으로 옮기면서 시민참여 운동에 대한 새로운 지평을 열었다고 평가된다(임희섭, 1999).

6. 전자적 시민참여의 기존 논의

1) 전자적 시민참여의 역할 · 기능

전자적 시민참여의 역할 · 기능에 관한 연구는 거의 없는 실정이다. 다만 전자적 매체나 기존의 오프라인에서의 시민참여의 역할 · 기능에 관한 연구가 있을 뿐이다.

전자적 매체와 관련하여 OECD(2003)의 연구는 전자적 시민참여의 궁극적인 역할을 행정의 민주성에 두고 있다. 그리고 행정의 민주성 향상을 위한 정보통신기술의 역할과 기능을 주로 살펴보고 있다. 연구에 따르면 정보통신기술이 시민참여를 촉진하는 강력한 수단으로 역할하고 있음에도 불구하고, 그 자체가 해결책이 될 수는 없으며 기존의 참여제도들과 함께 통합적으로 사용되어야 한다고 주장한다. 즉 인터넷상의 시민참여를 촉진하는 데 있어서 기술뿐만 아니라 문화 · 조직 · 제도 등에 대한 고려가 필요하다는 것이다(김상묵 외, 2004: 867).

여기서 정보통신기술의 역할은 1) 대중의 참여 가능, 2) 접근 가능하고, 이해가 쉬운 정보의 제공 가능, 3) 좀 더 심층적인 협의를 가능, 4) 정책결정자를 지원하고, 정책을 향상시키기 위하여 분석을 촉진, 5) 적합하고, 투명한 환류를 가능, 6) 연속적인 발전을 확보하기 위한 모니터링과 평가의 가능 등으로 제시하고 있다(OECD, 2003: 33).

하지만 OECD(2003) 연구는 시민들의 참여 이후의 활용과 그 적용에 대한 논의를 구체적으로 하지 못하고 있다.

신용우(1986)는 공공행정에 있어서 시민참여제도의 역할을 행정 민주성의 확보와 행정 능률성 확보로 구분하여 그 가능성을 논하고 있다. 연구에 따르면 시민참여제도는 민주성에 필요한 교육적 효과를 제공하며, 행정 운영의 절차적 규범을 향상시키는 역할을 한다. 또한 전문가적 견해를 숙지하지 않은 시민들의 참여는 오히려 업무의 과중을 초래하여 행정 능률성을 저해한다고 한다.

하지만 신용우의 연구는 정보통신기술을 이용한 시민참여를 고려하지 않았다. 정보통신기술의 발전으로 인하여 단순히 시민들의 교육 차원이 아닌 실제적인 정책반영에 기여한다는 점과 비용의 절감을 통한 행정의 능률성의 제고와 좋은 제안을 통한 효과성의 제고 등이 실제로 이루어지고 있어서 이러한 논의는 상당부분 보완되어야 할 것이다.

2) 전자적 시민참여 활성화 영향요인

전자적 시민참여의 활성화 영향요인에 관한 연구는 시민참여의 활성화에 영향을 미치는 영역을 정부 부문과 시민 부문으로 구분하여 살펴볼 수 있다. 정연정(2003)은 두 개의 영역을 명확히 구분하여 연구하였으며, 김구(2002)는 두 개의 영역이 포함되어 있지만 구분하지 않은 경우이다. 그리고 김종호·김강민(2004)과 김석주(2002)는 정부 부문만을 살펴보았다. 이러한 기존 연구들의 특징을 살펴보면 다음과 같다.

첫째, 전자적 시민참여 활성화를 위한 정부의 노력을 정보통신 기술의 구성 내지 운영에 초점을 맞추고 있다. 하지만 이는 정부 노력의 극히 일부에 불과하다. 예컨대, 시민참여를 위한 행정지원 이라든지 인터넷을 통한 시민참여의 허용 정도의 결정 등이 있다. 이러한 한정된 시각은 바람직한 정부 역할을 제시할 수 없을 뿐만 아니라 정부 활동에 따른 결과를 제대로 설명할 수 없게 된다.

둘째, 전자적 시민참여를 위한 정부의 노력에 대한 구체적인 목표가 명시되어 있지 않거나, 제한적으로 명시하고 있다. 주된 목표를 시민참여의 활성화에 두고 있다. 앞서 살펴본 행정의 민주성과 행정의 능률성에 대한 고려가 없다. 이럴 경우 정부의 노력에 대한 성과나 문제점을 제대로 파악할 수 없게 된다.

셋째, 전자적 시민참여를 위한 정부 노력과 목표 간의 관계에 내재하는 가정에 대한 검토가 없다. "정부의 전자적 시민참여를 위한 지원이 되면 시민들의 참여가 활성화된다." 혹은 "시민들의 참여가 활성화되면 자동적으로 행정의 민주성이 확보된다." 등에 대한 가정을 검토하지 않고 있다.

 전자적 시민참여결과 활용이란 무엇인가?

1. 전자적 시민참여결과 활용의 개념 · 중요성

전자적 시민참여결과 활용이란 시민의 표현 행위를 공무원이 정부업무 활동에 고려하거나, 적용하는 행위라고 할 수 있다. 활용이라는 것은 가치 판단의 성격을 지닌다. 따라서 시민의 표현 행위 중에서도 정보(information)의 형태를 지닌 것에 대한 공무원의 가치 판단을 통하여 정책에 반영하게 된다. 이러한 정보는 어떤 형태로든지 다른 사람에게 전달될 수 있는 사물의 내용으로서 보통 자료, 지식을 포함해야 한다(최성진, 1980; McDonough, 1963).

전자적 시민참여결과 활용의 중요성은 전자적 시민참여의 필요성과 결부된다. 다시 말해서 시민참여 이후 공무원이 이를 활용해야 민주성의 향상과 행정의 효율성을 높이게 된다. 이러한 측면에서 시민참여결과 활용의 중요성이 있다고 할 수 있다.

2. 전자적 시민참여결과 활용의 유형

전자적 시민참여결과 활용 유형은 다음과 같이 여섯 가지로 구분할 수 있다.

첫째, 도구적 활용(instrumental utilization)은 정책결정자가 의사결정 및 문제해결 과정을 위하여 시민참여결과를 구체적으로 활용하는 것으로서 행동을 위한 지식(knowledge for action)의 활용을 의미한다(이윤식, 2002: 113; Rich, 1977).

둘째, 개념적 활용(conceptual utilization)은 정책결정자의 관념이나 인식의 변화를 통하여 간접적으로 정책결정에 영향을 미치는 것을 의미한다(Rich, 1977: 199 - 211).

셋째, 계몽적 활용(enlightening utilization)은 대상기관이나 대상 사업에 대한 문제개선의 목적보다는 이러한 시민참여결과를 다른 기관이나 사건에 영향을 미쳐서 변화를 유도하고자 하는 것이다(Weiss, 1988: 21 - 33).

넷째, 상징적 활용(symbolic utilization)은 정치적 목적으로 시민참여결과를 활용하는 것을 의미한다. 이런 경우 정책결정자들이 이미 내린 정책결정을 정당화하거나 정치적 지지를 획득하기 위하여 시민참여결과를 사용하는 것이다(이윤식, 2002; 116; Owen, 1999).

다섯째, 설득적 활용(persuasive utilization)은 특정한 정치적 입장을 지지하게 하고자 하는 경우이다(Leviton & Hughes, 1981: 497 - 519). 상징적 활용과 유사하다. 하지만 상징적 활용이 회고적인 성격이 강하다면, 설득적 활용은 사전적 · 회고적 성격 모두 지닌다고 할 수 있다.

여섯째, 과정적 활용(process utilization)은 참여활동에 직접 참여한 결과 그들의 행위나 인식에 변화를 일으키게 되는 경우이다. 공무원이나 시민들의 사고 방법을 학습하게 됨으로써 기술의 개선과 의사소통 그리고 의사결정의 개선, 평가절차 활용의 증가, 조직 내 변화, 참여결과 얻어진 산출물에 대한 소유의식 및 확신의 제고 등을 통하여 장기적으로 대가를 얻게 되는 경우를 말한다

(Jonson, 1998: 93 – 110).

3. 전자적 시민참여결과 활용의 설명모형

1) 합리모형

합리모형(rational model)에서 합리적 행위자는 종합적인 분석을 통해서 이익이 최고가 되는 행위를 선택함으로써 자신의 기대 효용치를 최적화시키려 한다. 이러한 합리모형에 따르면 전자적 시민참여결과의 활용에 있어서 공무원이 최적의 결과를 선택하였으면 이를 자동적으로 활용한다는 행동의 의미를 내포하고 있다(오철호, 1998: 198). 즉 공무원들은 자신들의 요구에 부합되는 시민참여결과를 발견하기 위하여 최선의 노력을 다한다. 그리고 이러한 시민참여결과를 발견하면 즉각 활용한다는 것이다.

2) 관료이익모형

관료이익모형(bureaucratic interest model)에서 관료들은 시민참여결과를 활용함에 있어서 공공의 이익을 추구하기보다는 관료 자체의 권위를 보호하기 위한 선택을 한다는 것이다. 이모형은 관료들의 행태를 중심으로 설명되는 것으로서, 시민참여결과 활용을 이해하기 위해서 조직의 규범, 구조, 임무 및 절차를 이해하는 것이 핵심이라고 가정하고 있다. 그래서 관료들의 권위를 해친다고 판단되는 경우에는 조직의 외부로부터 정보의 제공이 있다고 하더라도

의도적으로 배척하거나 무시하는 경향을 나타낼 뿐만 아니라, 외부로부터 정보를 요구받았을 경우에도 부정적 태도를 나타내게 된다(Oh, 1996: 60 - 61). 예를 들어, 시민들이 관료들의 조직 활동이나 정책에 대하여 비난하는 내용의 제안을 올렸을 때, 관료들은 자신들의 권위를 보호하기 위하여 이에 대한 제안을 활용하지 않게 된다. 반면에 자신들의 권위를 보호하는 경우로서 자신들의 활동을 지지하거나, 보완하는 내용의 제안을 활용하게 된다.

3) 두 공동체모형

두 공동체모형(two communities model)에 따르면 정책결정자는 자신의 준거 틀(frame of reference)[11]에 따라 시민참여결과를 활용하거나 활용하지 않게 된다는 것이다. 이러한 측면은 시민집단과 공무원집단은 근본적으로 상이한 세계관과 신념 체계를 소유하고 있다는 것을 가정한다. 예컨대, 시민들이 볼 때는 중요하게 보는 것을 정책결정자들은 쉽게 무시해버리는 경우가 그러하다. 이러한 측면은 두 집단 간의 갈등과 불신을 유발하고, 시민참여결과의 활용을 저해한다. 또한 두 집단 간의 연결메커니즘이 부재하거나, 상호작용이 활발하지 않으면 집단 간의 차이는 해소되지 않으며, 시민참여결과의 활용 또한 저조하게 된다(오철호, 1998: 218 - 221).

두 집단 간의 연결메커니즘의 존재는 물론 긍정적인 상호작용으로 얻어진 시민참여결과는 정부가 다른 시민들에게 설명할 때 설명력을 높일 수 있다. 그리고 공무원들 내부에서도 정책에 대한

---

11) 문화적 산물로서 개인의 인지상의 특징을 이루며 사물의 옳고 그름을 판단하는 기준 또는 가치관이다.

설득력을 높일 수 있게 된다.

4. 전자적 시민참여결과 활용의 기존 논의

전자적 시민참여결과 활용에 관한 연구는 사실상 전무한 상태이다. 다만 정책결정과정에서의 정보 활용에 관한 연구가 있다. 세부적으로 구분하면, 기관평가제도의 발전을 위한 평가정보활용에 관한 연구와 정책결정과정에서 정보 활용에 관한 연구로 나눌 수 있다.

먼저, 기관평가제도의 발전을 위한 평가정보활용에 관한 연구는 법·제도적 분석(문영세, 1996; 김병진, 1997; 차의환, 1999; 박재희; 2002)과 실증분석(이윤식, 2002)에 의하여 이루어지고 있다. 법·제도적 분석에서는 다양한 사례를 들어서 평가정보활용의 문제나 평가정보시스템의 환류의 문제점을 지적하고 있다. 실증분석에서 이윤식(2002)은 중앙부처 중에서 정부프로그램을 비교적 많이 추진하고 있는 12개 부처를 선정하여 이들 부처에서 기관평가업무 추진과 관련된 설문을 통하여 분석하였다. 즉 정보통신기술과 평가정보활용의 관계 그리고 기관평가 결과 사용의 저해요인을 탐색하고 있다.

다음으로 정책결정과정에서 정보 활용에 관한 대표적인 연구는 오철호(2002) 연구이다. 오철호는 미국의 18개 주의 60명의 정책결정자들과 419명의 주 및 지방정부 정책결정자들을 인터뷰한 자료를 합리모형과 조직의 이해관계 모형 그리고 의사소통모형을 기초로 개발한 통합모형을 실증적으로 검증하고 있다.

지금까지의 논의들은 다양한 시사점들을 제공하는 것이 사실이다. 하지만 본 논의에서 다루고자 하는 전자적 시민참여결과의 활용 연구가 아니기에 그 한계점이 있다. 즉 알고자 하는 바를 알려주지 못하고 있다는 점이다. 하지만 이윤식(2002)과 오철호(2002)의 연구는 다른 연구들과 달리 정보 활용과 관련된 이론을 통하여 설명하고 있다는 점에서 그 의의가 있다. 무엇보다도 다른 연구들은 적합한 정보가 수집되면 공무원들이 정보를 활용할 것이라는 정보 활용의 자동성을 설명하는 합리모형을 암묵적으로 따르고 있는 반면에 이윤식(2002)과 오철호(2002)는 다양한 모형을 근거하여 실제 현상을 살펴보고 있다는 점이다.

하지만 이들의 연구는 평가 결과의 활용 그리고 정책결정과정에서 정보 활용을 다루고 있어서 이 책에서 다루는 시민참여결과의 활용과는 본질적인 차이를 지닌다. 예컨대, 전자적 시민참여결과의 활용은 위의 저자들이 설명하고 있는 정보의 성격과 다르다. 전자적 시민참여결과는 시민에 의해서 만들어지며, 정부는 이러한 시민들의 제안에 대하여 좀 더 개방적인 입장에서 활용하려는 의지가 있다는 것이다. 또한 활용과정이 어느 정도 투명하다는 점 등에서 그 차이점이 있다. 따라서 본 책에서는 이러한 차이점들을 고려한 연구가 요구된다.

 전자적 시민참여 지원활동 평가란 무엇인가?

1. 전자적 시민참여 지원활동 평가의 개념·목적

전자적 시민참여 지원활동 평가는 정책평가의 일반적 개념과 목적을 따른다. 다만 정책평가의 대상이 정부에서 추진하고 있는 전자적 시민참여, 즉 시민참여를 위한 다양한 정부 지원활동(홈페이지 구축, 홈페이지 운영 및 행정 지원)의 효과성과 집행과정을 평가한다는 점에서 차이가 있다.

이 책에서 다루고자 하는 전자적 시민참여 지원활동 평가의 개념 및 목적을 살펴보기에 앞서서 정책평가의 일반적 개념과 목적을 살펴보고자 한다. 먼저, 정책평가란 설정된 정책목표에 도달하는 과정을 정기적으로 점검하여 그 정책의 성과를 향상시키기 위한 일련의 활동으로 정의되기도 하고(Poister, 1979), 정책형성과 집행과정을 점검하고 정책성과를 확인·검토하는 활동으로 정의되기도 한다(윤수재, 2003). 또한 평가연구 측면에서 체계적인 연구방법들을 정책의 개념화 및 설계와 집행 그리고 효용성을 사정하는 데 적용하는 것이라고 정의되기도 한다(Chelimsky, 1985: 7 - 8; Rossi and Freeman, 1985: 19).

이를 종합해 보면 정책평가는 정책의 형성, 집행, 결과 또는 영향에 대하여 회고적이고 체계적으로 사정하는(retrospectively assess) 활동으로 정의할 수 있다. 여기서 정책평가의 대상은 물론 정책

(public policy), 시책(policy measure), 사업(program), 과제(project)를 들 수 있고, 보다 넓게는 법령(law and ordinance)도 포함된다. 게다가 경우에 따라서는 정부의 공식적인 지침도 평가대상이 된다(이윤식, 2004: 4).

지금까지의 논의를 바탕으로 전자적 시민참여 지원활동 평가를 정의하면 정부의 전자적 시민참여의 효과성과 집행과정을 평가대상으로 회고적이고 체계적으로 사정하는 활동이라고 할 수 있다.

정책평가의 일반적인 목적은 다음과 같다.

첫째, 정책결정을 위한 정보를 제공하기 위해서이다. 평가대상이 되는 정책이 필요한지, 정책목표가 추구할 가치가 있는지, 정책이 성공하였는지 등을 조사하여 계속 진행 혹은 중단, 확대 혹은 축소할 것인지 등을 결정하게 된다(이윤식 외, 2004; 김명수, 2000).

둘째, 정책결정에 대한 책무성을 확보하기 위함이다. 과학적이고, 체계적인 정책평가를 통하여 정책결정 사항에 대한 정당성을 갖도록 하기 위함이다.

셋째, 국민과 정책대상 집단에 대한 정책적 지지를 획득하기 위함이다. 정책평가를 통하여 정책의 지지 유도는 물론 성공적인 집행을 수행할 수 있다. 이를 위하여 정책평가 과정에 이들을 포함시키기도 한다.

넷째, 새로운 평가이론의 개발과 기존 이론의 발전에 기여하기 위함이다(이윤식 외, 2004; 김명수, 2000).

이러한 정책평가의 목적은 전자적 시민참여 지원활동 평가의 목적과 거의 같다고 할 수 있다. 다만, 정책평가의 대상이 전자적 시민참여의 효과성과 집행과정이기 때문에 앞서 소개한 정책평가의 목적에서 정부의 전자적 시민참여의 개선과 이와 관련된 국민에 대한 책무성 만족과 지지 획득 및 새로운 이론의 개발이나 기존 이론의 발전에 기여하는 데 그 차이점이 있다.

2. 전자적 시민참여 지원활동 평가의 특징·유형

전자적 시민참여 지원활동 평가의 특징은 정책평가의 일반적 특징을 따르는데, 그 특징은 다음과 같다(이윤식, 2004: 4 - 5).

첫째, 정책평가는 감사처럼 정책 활동의 준법성 여부를 판단하기보다 정책 활동에 대한 효율적 관리에 초점을 둔다(이윤식, 2000: Ray, 1999: Goldenberg, 1983).

둘째, 정책평가는 사후적으로 이루어진다. 사전적 분석(ex ante analysis)을 하는 정책분석과 달리 정책이 집행되는 과정이나 집행이 종료된 결과를 대상으로 이루어지는 경향이 일반적이다.[12]

셋째, 정책평가는 평가방법론을 중시한다. 평가방법론의 타당성과 적실성이 확보되지 않는 한 평가 결과는 무의미하거나 오히려 사실을 오도할 가능성이 크기 때문에 평가방법론을 특히 강조하게 된다.[13]

전자적 시민참여 지원활동 평가의 유형을 설명하기에 앞서서 정책평가의 유형을 소개하고자 한다. 정책평가의 유형은 다양한 기준

---

12) 최근에 관심을 갖게 되는 대형 정부프로젝트에 대하여 집행의 효율성을 확보하기 위하여 정책을 집행하기 전에 수립된 정책에 대한 평가를 행하는 소위 사전평가를 실시하는 경우도 없지 않으나 정책이 집행된 이후에 평가가 이루어지는 사후적 사정이 보편적이다.

13) 설계접근법과 비설계접근법을 동원하여 정책평가에 활용하면서도 그러한 접근법들의 타당성에 대한 위협요인(threat to validity)이 제거 여부를 중시하는 이유가 이 때문이다.

에 따라 여러 가지로 구분된다.

평가대상을 기준으로 총괄평가, 과정평가, 종합평가, 통합평가 및
메타평가로 구분된다. 1) 총괄평가는 정책결과를 평가대상으로 하
며, 정책의 효과가 어느 정도인지를 파악하는 것이 핵심이나, 비용
까지도 감안하여 능률성을 평가하는 것도 포함된다. 2) 과정평가는
집행과정을 평가대상으로 하며, 정책효과 발생의 과정을 밝히고 바
람직한 집행전략을 수립하는 데 그 목적이 있다. 3) 종합평가는 동
일한 정책 및 사업에 대하여 기존에 평가(총괄평가와 과정평가)된
것을 종합하여 평가하는 것을 뜻한다. 4) 통합평가와 구분되는 것
은 통합평가는 그 자체가 하나의 틀을 지니고서 총괄평가와 과정
평가를 동시에 진행 평가하는 것이다.[14] 그리고 통합평가는 정책
이나 사업 평가의 주종인 총괄평가와 과정평가(협의)를 통합한 평
가방식을 뜻하며, 주로 사후평가형식을 취한다. 물론 정책과정을
하나의 연속적 과정으로 볼 때는 통합평가 역시 정책과정의 한 시
점에서 이루어지는 분석으로서 차기의 유사정책이나 프로그램의
개선 내지 재실시에 중요한 정보를 제공한다는 데 위의 두 가지의
분리·실시되는 평가형태와 같은 의의가 있다(이윤식 공저, 2004:
406). 5) 메타평가는 평가 그 자체와 피드백(feedback) 기능을 평가하
는 것이다. 그런 의미에서 메타평가는 평가에 대한 평가(evaluation
of evaluation)이다. 메타평가의 주요 목적은 평가에 사용된 방법의
적절성, 사용된 자료의 오류 여부, 그리고 도출된 결과에 대한 해
석의 타당성 등을 검토하자는 데 있다(노화준, 2003: 75 - 76).

---

14) 종합평가는 한 대상에 대하여 평가된 총괄평가와 과정평가의 결과를 종합하여 평가한다는
데 차이점이 있다.

평가주체에 따라 내부평가와 외부평가로 나누어진다. 자체평가는 정책의 결정·집행을 담당하고 있는 사람들이나 이들이 소속한 조직의 다른 구성원이 행하는 평가이다. 외부평가는 정책의 결정·집행의 담당기관이 아닌 제삼자가 수행하는 평가이다(이윤식 외, 2004: 25).

평가대상과 평가주체 및 평가방법 등을 포괄하여 분류되는 유형으로서 예비평가(pre-evaluation)와 본 평가(substantive evaluation)로 구분하기도 하는데, 전자는 평가의 소망성과 실행 가능성을 개략적으로 검토하는 평가성 검토 및 사정을 의미한다(이윤식 외, 2004). 후자의 본 평가는 대체로 총괄평가, 과정평가, 종합평가, 통합평가 및 메타평가로 분류된다(Mohr, 1992; Vedung, 1997; 이윤식·오철호, 2000).

이 외에도 평가방법에 따라 과학적·체계적 평가와 비과학적·주관적 평가로 나눌 수 있다. 즉 평가방법에 있어서 과학적·체계적 평가방법의 사용 여부에 따라서 구분된다.

이 책에서 다루고자 하는 전자적 시민참여 지원활동 평가의 유형은 평가대상을 기준으로 할 때, 총괄평가와 협의의 과정평가를 확인할 수 있는 종합평가라고 할 수 있다. 다음으로 평가모형의 개발과 검증 이후에 이러한 평가모형을 누가 사용하여 평가하느냐에 따라서 내부평가와 외부평가로 구분할 수 있다. 그리고 평가대상과 평가주체 및 평가방법 등을 포괄하여 분류하는 기준으로 할 때 본 평가에 해당되며, 평가방법을 기준으로 할 때 과학적·체계적 평가에 해당된다.

3. 전자적 시민참여 지원활동 평가의 절차

전자적 시민참여 지원활동 평가의 절차는 정책평가의 일반적 절차를 따르며, 절차는 다음과 같다(이윤식 외, 2004: 43 - 58).

첫째, 평가목적의 식별 및 유형을 결정한다. 평가를 통하여 무엇을 알고자 하는지를 정확히 파악한다. 서론과 앞서 소개한 평가의 목적 및 유형에서 이에 대하여 밝힌 바 있다.

둘째, 정책구조(정책목표·수단)를 파악하여 평가대상을 확정한다. 평가대상이 되는 사업(program)의 범위를 확정하고, 사업모형을 파악하고, 측정 가능한 평가모형을 작성한다.[15] 그리고 평가모형의 작성에 있어서 평가이론을 활용하여(이진주, 1998), 평가항목 및 그 영향력 관계를 설정한다.

셋째, 평가방법을 결정한다. 양적 방법과 질적 방법 중에서 선택한다. 그리고 양적 방법에서는 조사 설계에서 실험적 설계와 비실험적 설계 중에서 채택한다.[16] 이때에 평가목적 및 평가대상의 본질 그리고 평가 자료의 이용 가능성 등을 고려하여 평가방법을 선택하게 된다.

넷째, 자료의 수집과 분석을 한다. 양적 자료는 1차 자료와 2차 자료에서 얻어진 결과를 수치화하여 사용하며, 질적 자료는 주로 관찰, 인용 및 문서 등의 자료를 사용한다. 양적 자료에 대해서 통계적 기법을 사용하여 분석하거나, 실험설계에 의한 분석을 한다.

---

15) 평가성 검토는 본격적인 평가를 시작하기 전에 실시하는 평가의 소망성과 가능성을 검토하는 것이다.
16) 평가방법상의 가장 큰 타당성의 위협요인인 선발편의 효과와 역사효과 등을 최소화하기 위하여 평가설계접근법이 사용된다.

그리고 질적 자료를 수집·활용하기 위하여 심층면담, 단체면담, 참여자 관찰 및 투사법 등의 기법을 사용한다.

다섯째, 평가 결과를 제시한다. 평가를 통하여 확인된 사항들에 대하여 이를 활용하는 사용자들이 알아보기 쉽도록 보고서를 작성한다.

4. 전자적 시민참여 지원활동 평가의 기존 논의

이 책에서 설명하고 있는 전자적 시민참여에 대한 평가와 일치하는 연구는 없는 실정이다. 다만 평가대상과 평가유형이 유사한 경우가 있다. 이에 따라 기존의 정보화 사업평가에 대한 총괄평가 혹은 협의의 과정평가를 수행한 연구들을 대상으로 살펴보았다.

먼저, 정부에서 실제로 평가되고 있는 정보화 사업 평가에 관하여 간단히 살펴보고자 한다. 정보화 평가위원회에서 평가되고 있는 외부평가 성격의 정보화 사업은 효과성 평가에 초점을 두고 있다. 설문조사와 기관의 근거자료 그리고 사업설명회 개최 및 현장방문 실시 등의 자료를 토대로 평가지표에 대하여 전문가들의 주관적 판단에 근거하여 평가를 수행하고 있다. 이러한 정보화 사업은 평가모형이 분명한 사업모형과 평가이론 및 평가모형에 대한 타당성 확인 과정을 거치지 않고 있어서 타당성의 문제가 제기된다.

정보화 사업 평가 연구는 사업의 목표달성 정도를 점검하는 효과성 평가와 대내외적 사업추진과정을 평가하는 집행평가의 두 가지 부분으로 구성된다. 정보화 사업의 효과성 평가는 정보화 사업이 1) 고객, 2) 예산, 3) 내부업무, 4) 조직혁신의 네 가지 측면에서 정보화 사업의 성과가 사업목표에 기여하는지 영향력 관계를 검증하는 것이다. 그리고 정보화 사업의 집행평가는 정보화 사업의 추진과정에서 추진체계의 적절성, 단위 사업 간의 연계성, 외부적인 장애요인 극복노력 등에 대하여 사업적 측면과 제도적 측면으로 구분하여 평가[17]하는 것이다.

정보화 사업 평가 연구는 전자적 시민참여 중에서 정보시스템을 통하여 고객, 내부업무 효율화 및 조직혁신과 관련된 목표달성을 이루었는지의 여부를 판단하는 총괄평가와 그 과정을 분석하는 집행평가를 보여주고 있다는 점에서 그 의의가 있다. 그리고 전자적 시민참여 중에서 정보시스템의 역할과 측정항목들을 소개하고, 결과 변수에 해당되는 행정의 효율화에 해당되는 내부업무효율화와 조직혁신의 측정항목들을 소개하고 있다는 점에서 그 의의가 있다. 하지만 이는 엄연히 정보화 사업에 대한 평가이기 때문에 이 책에서 다루고자 하는 전자적 시민참여와 목표 간의 달성 정도와 인과적 구조의 분석에 관한 사항을 제대로 담고 있지 못하다는 한계점이 있다.

---

17) 사업적인 측면은 사업추진체계의 적절성 등 사업주체 내부의 사업추진 관련 요소들을 평가한다. 제도적인 측면은 사업추진의 장애요인인 법·제도 개선노력 등 사업추진에 영향을 미치는 외부요인들을 평가한다.

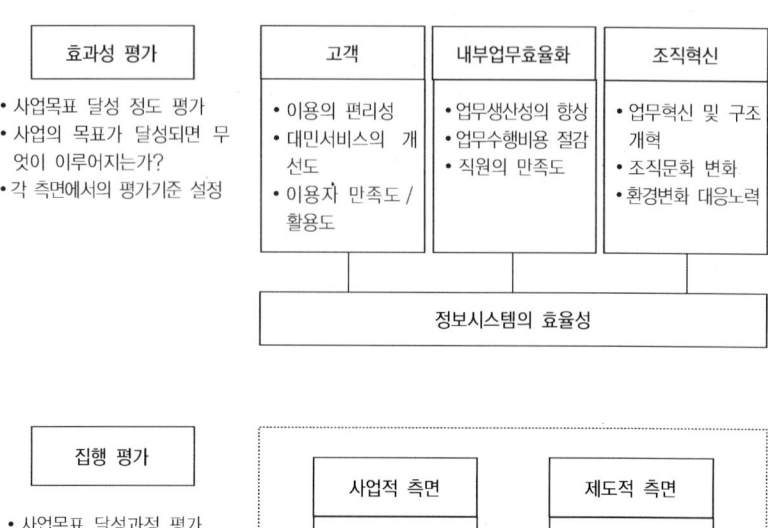

효과성 평가	고객	내부업무효율화	조직혁신
• 사업목표 달성 정도 평가 • 사업의 목표가 달성되면 무엇이 이루어지는가? • 각 측면에서의 평가기준 설정	• 이용의 편리성 • 대민서비스의 개선도 • 이용자 만족도 / 활용도	• 업무생산성의 향상 • 업무수행비용 절감 • 직원의 만족도	• 업무혁신 및 구조개혁 • 조직문화 변화 • 환경변화 대응노력

정보시스템의 효율성

집행 평가	사업적 측면	제도적 측면
• 사업목표 달성과정 평가	• 사업계획 • 사업추진체계 • 세부사업추진과정 • 사업관리 • 비용관리	• 법 / 제도개선 • 관계기관과의 협조

[그림 1] 정보화 사업 평가모형도(정보통신부, 1997)

다음으로, 다수의 학자들에 의하여 정보화 사업에 있어서 평가모형의 개발 혹은 평가방법의 개발에 관한 연구들이 다각적으로 이뤄졌다. 대표적으로 계량적 경제적 분석기법을 도입하거나(문태수, 2003; 김선명, 2001), 평가지표를 설정하고, 설문조사를 통하여 자료를 수집해서 통계적으로 효과성을 통계적 분석기법으로 분석하는 연구들이 다수를 이룬다(임광현, 2000; 이기식, 2000; 이윤식 외, 2001; 변미리, 2004). 흔하지 않지만 C2 효과분석모형을 사용하고, OR기법과 AHP기법에 의한 자료를 근거로 분석하는 연구가 있다(이재영, 2004).

이러한 연구들은 기존 연구에 있어서 타당성이 제대로 확인되지 않은 평가지표를 통한 점검 성격의 평가를 지양하고, 보다 타당성을 확보하기 위한 목적으로 수행되었다. 하지만 이러한 연구들은 앞서 소개하고 있는 평가절차를 제대로 수행하지 않는 경우가 대부분이다.[18]

지금까지 평가모형을 중심으로 기존 연구의 특징과 문제점을 살펴보았는데, 기존 평가 연구의 문제점을 살펴보면 다음과 같다. 첫째, 총괄평가에서 효과성 평가가 위주가 되고 있다. 이를 통하여 현재 수준의 목표달성 정도는 파악될 수 있지만 어떠한 인과경로를 거쳐서 이러한 결과를 도출하였는지에 대한 논의를 살펴보기 어렵다. 둘째, 평가자료수집이 설문조사와 인터뷰로 거의 한정되어 있어서 객관적인 평가 결과를 확보하는 데 어려움이 있다. 셋째, 대부분의 경우 평가이론 및 평가모형에 의한 평가가 수행되지 않는다는 점이다(윤상오, 2003: 334).

---

18) 예컨대, 이재영(2004) 연구는 정보화 사업 평가에 있어서 새로운 평가방법론의 적용 가능성을 연구를 통해서 보여준다는 점에서 연구의 강점이 있다. 하지만 국방 정보화 사업의 실체와 평가대상이 제대로 보이지 않고 있다. 무엇보다도 사업모형의 분석이 부족할 뿐만 아니라 타당성 위협요인에 대한 통제노력이 없어서 타당성 문제가 제기될 수 있다.

제 II 부

평가

 **전자적 시민참여 지원활동 파악과 측정을 어떻게 할 것인가?**

정부는 일반적으로 홈페이지를 이용하여 전자적 시민참여를 유도하고 있다. 이러한 정부 지원활동을 구체적으로 살펴보고, 이러한 정부 지원활동을 측정하기 위해서는 일련의 과정이 필요하다. 이 책에서는 평가모형의 개발을 통하여 전자적 시민참여 지원활동에 대한 파악과 이에 대한 측정에 대한 논의를 구체적으로 하고자 한다.

1. 평가모형의 개발 절차

전자적 시민참여 지원활동 평가모형 개발의 절차를 논의하기에 앞서 평가모형의 개념과 개발의 필요성을 살펴보고자 한다. 먼저, 평가모형이란 평가대상이 될 수 있는 사업모형을 의미한다. 이를 평가가능모형(evaluable model)이라고도 한다. 즉 측정 가능한 모형 (plausible model)이며, 모형에 포함된 변수들은 측정(measure) 가능한 것이어야 한다. 이러한 평가모형은 사업으로 인하여 최종 사업의 목표의 달성에 기여하는지 점검하여 바람직한 정책방향을 도출하기 위해서는 목표와 긴밀한 연계성을 가지는 체계적인 평가모형의 개발이 필요하다. 또한 실현이 불가능한 정책을 본격적으로 평가하기에 앞서 이에 대한 검토의 측면에서 평가모형을 개발하면 이러한 많은 낭비를 막을 수 있다(이윤식 외, 2004: 50).

다음으로, 평가모형 개발의 절차는 일반적으로 1) 정책평가의 목적을 확인·결정, 2) 정책목표·수단 및 정책구조를 파악하고, 평가의 대상을 구체적으로 확정, 3) 평가가능모형의 작성 등의 다음과 같은 순서를 따른다(이윤식 외, 2004: 43 - 54).

첫째, 정책평가의 목적은 전자적 시민참여를 개선할 목적으로 수행된 정부 활동에 대한 효과성을 살펴보고, 정부활동과 그 결과간의 인과성을 분석하는 데 있다.

둘째, 정책목표·수단 및 정책구조를 파악하고, 평가의 대상을 구체적으로 확정하여 정책목표·수단의 계층제를 분명히 하는 것이다. 그리고 투입이나 지원활동에서부터 시작하여 많은 중간목표들과 사업목표를 확인하고, 영향력 관계를 설정하는 것이다. 즉 정부 지원활동의 범위 및 모형을 파악하는 것이다.

이를 위하여 정부 문서(document analysis)를 분석하여 문서상모형을 만들고, 실제 정부의 홈페이지 및 업무 담당자들과의 인터뷰 등을 통하여 집행현장모형을 만든다.

셋째, 평가가능모형을 작성한다. 이전 단계까지 도출된 문서상모형과 집행현장모형 및 기존 연구를 통하여 얻어진 결과들을 종합하여 측정 가능한 모형을 작성한다. 그리고 평가모형에 포함되는 변수에 대하여 정의를 내리고, 이를 측정할 수 있도록 변수를 조작한다.

넷째, 현실성 있고, 타당성 높은 평가모형이 되도록 수정·보완한다. 평가모형의 타당성을 높이기 위해서, 전문가집단에게 평가모형의 문항들에 대한 예비타당성을 조사한다. 그리고 평가모형에 포함된 평가항목의 신뢰도 분석과 이론적 구성과 실제 측정도구가 얼마나 일치하는지를 살펴보는 구성 타당성을 확인한다.

2. 정부 문서상모형 및 집행현장모형의 작성

전자적 시민참여 지원활동의 실제적인 모습을 반영하기 위하여 이와 관련된 정부 문서(document analysis)를 분석하여 문서상모형을 만들었다. 그리고 실제 정부의 홈페이지를 분석하고, 이와 관련된 업무 담당자들과 e-mail, 전화인터뷰 및 정보공개요청 등을 통하여 집행현장모형을 파악하였다.

정부 문서 분석에 따르면, 전자적 시민참여 지원활동의 목적을 시민들의 정책참여를 확대·유도하고, 고충민원, 국민제안 및 정책참여 등을 통하여 대국민 서비스를 향상시키는 데 두고 있다(행정자치부, 2004a; 정부혁신지방분권위원회, 2003). 구체적으로, 먼저, 고충민원처리와 관련하여 1) 유사사례 해결가능 및 자체해결, 2) 다양한 민원처리 사례참조, 3) 중·반복 민원식별가능, 4) 민원서비스 수준향상과 만족도 제고 등의 목표를 갖는다(온라인 국민참여포털시스템의 개요를 설명하는 문건[19]). 다음으로, 국민제안의 목표는 1) 국민참여의 활성화를 통한 행정혁신, 2) 지속적 개선과 실천으로 변화와 혁신 지원, 3) 경쟁력 강화·핵심역량 강화·조직목표 달성, 4) 국민과의 원활한 의사소통으로 국민만족 등으로

---

19) '참여마당 신문고 시스템 개요'와 '참여마당 신문고 시스템 시범기관 통합개요'를 참조(행정자치부, 2005).

정하고 있다(행정자치부, 2004b). 마지막으로 정책참여와 관련하여, 1) 국민의 정책의견을 제시하기가 용이함, 2) 국민의 정책에 대한 정책공감대 형성, 3) 정책이슈에 대한 네티즌 및 국민의 반응 점검 가능, 4) 정책이슈의 발굴, 5) 오프라인 공청회를 대체하여 비용절감, 6) 다양한 의견수렴 등의 목표를 갖는다.

이를 종합하여 보면, 전자적 시민참여 지원활동의 목표는 전자매체의 효율화를 통하여, 국민의 정책참여를 확대하고, 행정의 효율화를 향상시켜서, 궁극적으로 대국민서비스를 향상시키는 데 있었다. [그림 2]은 전자적 시민참여 지원활동의 문서상모형을 나타낸다. 그리고 [표 3]은 전자적 시민참여의 세부 목표를 보여준다.

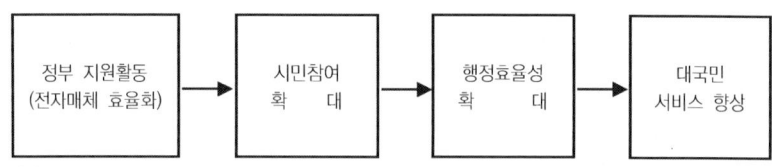

[그림 2] 전자적 시민참여 지원활동의 정부 문서상모형

[표 3] 전자적 시민참여 지원활동의 세부 목표

목표 구분	세부 목표 내용
시민의 정책참여 확대	- 다양한 참여자들의 참여가 가능 - 정책 참여율 제고 - 국민 접근성이 용이함 - 의견제시가 용이함 - 다양한 의견수렴
행정의 효율성 확대	- 시민참여 처리상황 파악 및 관리가 용이함 - 중복민원업무 방지를 통한 행정효율성 증진 - 행정처리과정의 표준화 및 효율화 - 오프라인 수단을 대체하여 비용절감 - 정책이슈에 대한 국민 반응의 점검 가능

목표 구분	세부 목표 내용
대국민서비스 향상	- 신속한 대국민서비스 제공 - 국민서비스 수준 향상 - 국민 만족도 향상 - 국민요구의 정부 활동 반영

다음으로 집행현장모형의 분석을 위하여, 2005년 10월 27일부터 11월 11일 기간 동안 통일부, 해양수산부, 정보통신부 및 교육부 홈페이지 분석 및 관련 담당자에게 이와 관련된 현황에 대한 정보공개요청과 실제 현황과 문제점 그리고 특징에 대한 e-mail 및 전화인터뷰를 실시하였다. 현장 분석의 결과를 정리하면 다음과 같다.

첫째, 조사 분석에 따르면 정부 지원활동이 다양하였다. 단순히 홈페이지를 개설하는 차원뿐만 아니라 홈페이지의 운영수칙(전자공간 특성), 정부의 대응성(홈페이지의 운영 성실성, 응답 충실성 등)과 행정지원(보상 및 관련교육제공 등) 등이 존재하였다.

둘째, 문서상모형에서는 정부 지원활동(전자매체 효율화)에서 행정의 효율성 확대로의 직접적인 관계를 상정하지 않고 있지만 공무원들은 홈페이지의 개발과 운영으로 인하여 이전의 서면, 대면 및 전화 등의 방식에 비하여 비용절감은 물론 생산적이라고 밝혔다. 이러한 측면은 전자적 시민참여 이론에서 인터넷으로 인하여 비용이 절감이 된다는 논의와 상통하는 측면이다(Quelch & Klein, 1996; Hoffman, Novak, & Chatterjee, 1995).

셋째, 문서상모형에서 확인되지 않았던 목표로서 '시민참여결과의 활용'과 '행정민주성 향상'을 발견하였다. 전자적 시민참여의 목표는 시민참여결과의 활용을 통하여 궁극적으로 행정민주성을 향상시키는 것이다. 이는 민주성은 시민참여결과의 반영이 핵심이기 때문에 시민참여결과의 활용을 통하여 확대된다는 기존의 논의와 일치하였다(김홍기, 1983: 343 - 344; 이승종, 1993: 24; Peters, 1996; 김상묵 외, 2004: 863).

넷째, 정부 지원활동과 행정민주성 간에 영향력 관계가 있음을 시사하였다.[20] 전자적 시민참여를 통하여 제안되는 사항들에 대해서 담당자들은 이를 읽어보고, 답을 하도록 되어 있다. 이때 당장 시민제안이 정책에 반영되지 않더라도, 인식이나 정책문제에 대한 입장을 변화시키거나 혹은 참조하게 되어 지금 당장은 아니지만 이후에 정책결정에 활용할 수 있게 된다는 것이다. 결과적으로 행정민주성을 향상시킨다.

이 외에도 인터뷰를 통하여 확인된 전자적 시민참여의 문제점들은 시민참여결과에 대한 체계적인 관리가 안 되고, 시민참여결과에 대한 업무연계는 물론 활용에 대하여 시민들에게 제대로 알려지지 않고 있었다. 따라서 전자적 시민참여가 상당부분 가시적이고, 상징적인 측면이 있음을 시사하였다.

지금까지의 사항들을 종합하여 보면, 최종목표를 행정효율성과 행정민주성 측면에서 집행현장모형을 [그림 3]와 [그림 4]과 같이 구분하여 나타낼 수 있다.

먼저, 행정효율성이 최종목표인 경우에 있어서 집행현장모형이 문서상모형과 다른 점은 정부 지원활동이 보다 다양한 성격을 갖는다는 점과 정부 지원활동에서 행정효율성으로의 직접 영향력 관

---

20) 금융감독원의 '금융이용자모니터'를 운영하는 담당자와의 인터뷰에서 모니터 요원에 대한 교육제공과 보상(아이디어 채택자에게 상품 및 상금제공)을 통하여 많은 참여는 물론 진저으로 우수한 제안들이 많이 체인하고 채택된다고 한다.

계가 추가되었다는 점이다. 그리고 시민참여결과 활용은 하위목표에 포함되지 않았다. 즉 홈페이지의 이용은 시민참여결과의 활용과 무관하다는 것이다. 그리고 비용절감 부분 또한 홈페이지의 사용을 통하여 시민들의 참여에 관한 비용을 줄이기 위한 것이지, 공무원들의 활용에 들어가는 비용을 줄이기 위하여 사용되지 않았다. 또한 대국민서비스 향상이라는 문서상모형에서 목표는 만족도 및 행정민주성 등의 다양한 가치를 포함시키고 있는데 본 논의에서는 전자적 시민참여의 고유한 목표를 행정효율성과 행정민주성이라는 측면으로 분명히 구분하고자 대국민서비스 향상의 목표를 제외하였다.

다음으로, 행정민주성이 최종목표인 경우에 있어서 집행현장모형은 정부 지원활동과 행정민주성 간의 직접적인 관계를 설정하고 있으며, 시민참여결과 활용이 시민참여 확대 이후의 하위목표로 설정되어 있다. 앞서 소개한 행정효율성을 최종목표로 하는 집행현장모형처럼 정부 지원활동이 문서상모형에서보다 다양한 성격을 지니며, 대국민서비스 향상이라는 목표를 행정민주성 확대로 구체화하였다.

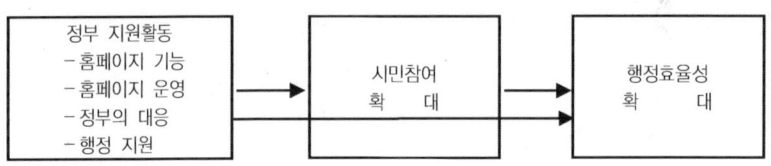

[그림 3] 전자적 시민참여 지원활동의 집행현장모형(최종목표: 행정효율성)

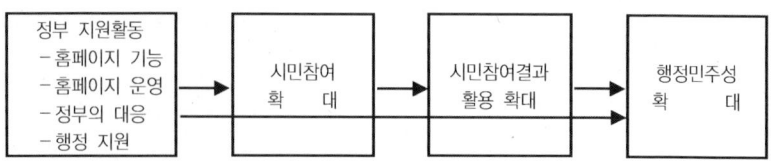

[그림 4] 전자적 시민참여 지원활동의 집행현장모형(최종목표: 행정민주성)

지금까지 전자적 시민참여 지원활동의 문서상모형과 집행현장모형을 살펴보았는데, 제Ⅰ부 이론 부분과 다른 몇 가지 사항들을 확인하였다.

첫째, 문서상모형을 보면 정부 지원활동이 전자매체의 효율화라는 아주 제한된 측면을 보여주고 있다. 하지만 집행현장모형과 이론적 고찰에서 보면 다양한 측면이 있음을 알 수 있었다. 즉 정부 지원활동에는 홈페이지의 개발 및 운영, 홈페이지의 전자공간 특성(운영수칙), 정부의 대응(응답 성실성, 충실성), 행정지원(교육, 보상 등) 등이 포함될 수 있었다.

둘째, 전자적 시민참여의 고유한 목적에 있어서 문서상모형과 집행현장모형은 행정의 효율성 내지 대국민서비스 향상이라고 두고 있었다. 하지만 앞서 소개한 이론적 고찰에서와 같이 행정효율성과 행정민주성이 보다 이론에 근거한 고유한 목적이 될 수 있다.

셋째, 문서상모형과 집행현장모형은 개별 기관의 환경적 특성을 반영하지 못하였다. 예를 들어 정치적 기회의 조성, 재정적 여건 및 조직 문화 등의 특성들과 전자적 시민참여는 물론 결과 간의 영향력 관계를 파악하지 못하고 있었다.

이 책에서는 이러한 점들을 고려하여 다음 절에서 평가가능모형을 작성하고자 한다. 즉 이론적 고찰을 통하여 얻어진 사항들과

문서상모형 그리고 집행현장모형을 종합하여 평가가능모형을 작성
하고자 한다.

3. 평가가능모형의 작성

전자적 시민참여 지원활동 평가가능모형의 작성을 위하여 앞서
살펴본 모형들을 측정 가능한 종합적 평가모형으로 작성하고, 평가
모형 속에 포함된 항목들을 측정 가능한 것으로 조작해야 한다.

1) 측정 가능한 평가모형의 작성

측정 가능한 평가모형이 되기 위해서는, 첫째, 사업모형에 나타
난 활동(activity)들이 실제로 실현될 수 있고, 둘째, 활동들과 하위
목적들 사이에 존재하는 영향력 관계나 하위목적과 고유목적 사이
에 존재하는 영향력 관계가 타당한 것으로 믿을 수 있어야 한다
(이윤식 외, 2004: 51).

첫 번째 조건은 사업모형에 나타난 활동(activity)의 실현 여부는
자원의 즉시확보나 활동의 시간계획이 적절한지 여부에 관한 사항
인데, 현재 이러한 활동이 실현되어 다양한 결과가 도출되는 상황
이기 때문에 이 조건은 만족하고 있다고 할 수 있다.

두 번째 조건인 영향력 관계의 존재 여부는 명백한 논리(logic)
및 널리 확인된 이론(theory)에 비추어 보아서 판단한다. 이에 대해
서는 [그림 5], [그림 6], [그림 7], [그림 8]의 평가모형을 토대로

아래에서 설명하였다.

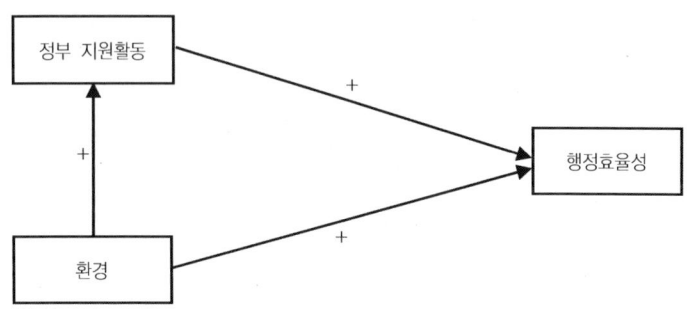

[그림 5] 총괄평가모형_최종 종속변수 행정효율성

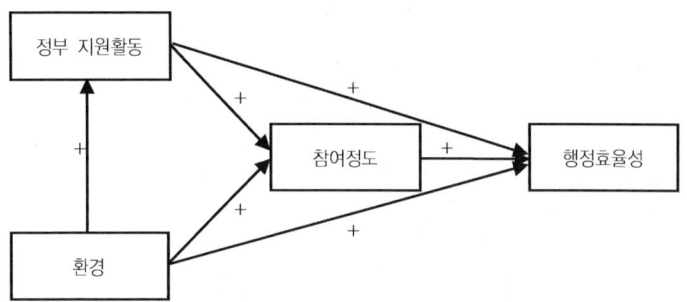

[그림 6] 과정평가모형_최종 종속변수 행정효율성

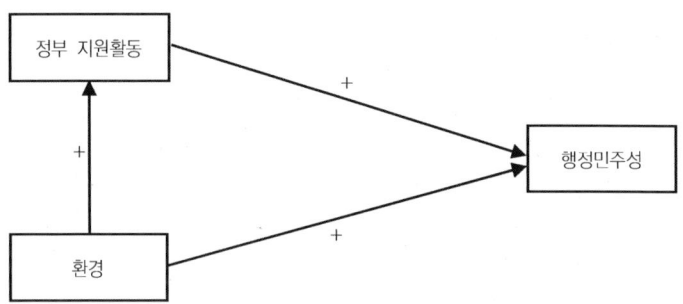

[그림 7] 총괄평가모형_최종 종속변수 행정민주성

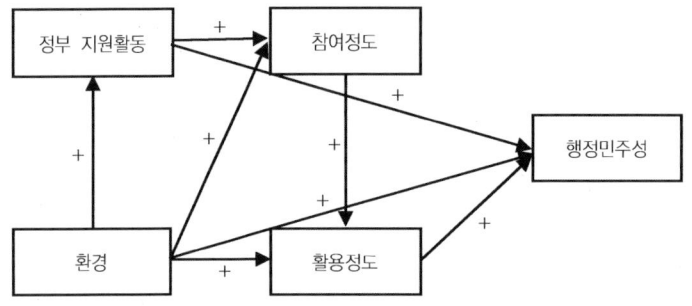

[그림 8] 과정평가모형_최종 종속변수 행정민주성과정평가모형

전자적 시민참여 지원활동 평가모형의 개별 평가항목 간의 영향력 관계는 논리와 이론에 근거한다. 이에 대하여 아래에서 자세히 소개하였다.

첫째, 외생변수인 정부 지원활동, 참여 정도 및 활용 정도와 내생변수인 행정효율성과 행정민주성 간의 영향력 관계는 상식적으로 설명할 수 있다.[21] 이는 정부가 전자적 시민참여 지원활동을 통하여 시민의 전자적 참여와 정부의 시민제안 활용을 극대화하려는 것이 직접적 목표이고, 그 결과로 인하여 정부가 행정의 효율성 및 민주성을 제고하는 데 있다. 이러한 변수 간의 영향을 미치는 순서는 상식적으로 이해할 수 있다.

둘째, 정부 지원활동은 행정효율성 및 행정민주성의 향상이라는 궁극적 목표를 갖는다. 이러한 관계는 기존 연구에서 확인이 가능한데 대개의 연구가 전자적 시민참여 지원활동을 협의의 개념으로

---

21) 내생변수가 외생변수보다 시간적으로 앞서는 경우는 이 책에서 배제한다. 예를 들어, 행정효율성이나 행정민주성이 향상되고, 그 후에 정부 지원활동이 이루어지는 경우이다. 이러한 경우는 이 책에서 다루고자 하는 활동에 따른 그 결과와의 관계를 살펴보는 것과는 다른 측면이다. 앞서의 경우는 이러한 정부 활동과 그 결과 간의 관계를 확인하고 난 후에 다양한 판단의 기준에 따라서 정부 지원활동을 조절하는 것에 관한 것이다.

서 정보통신기술의 제공 및 운영으로 파악하여, 이것이 행정효율성 및 행정민주성의 향상에 영향을 미친다고 논의하고 있다(이승종, 1993: 24; Peters, 1996; Beierle, 1998; OECD, 2001; Walters, Aydelotte, & Miller, 2000; 김상묵 외, 2004). 일부 연구에서 정보통신기술만으로는 이러한 궁극적 목표를 달성하는 것이 어렵기 때문에 이에 대한 보완책으로 법·제도 및 문화 등의 조성을 강조하고 있다(신용우, 1986; OECD, 2003).

셋째, 환경과 정부 지원활동, 환경과 참여 정도, 환경과 활용 정도, 환경과 행정효율성 및 환경과 행정민주성 간에는 정(+)의 영향력 관계가 존재한다. 여기서의 환경은 정치적 기회, 재정 여건, 조직문화 및 시민-정부 간의 조직 활동 등을 의미한다. 여기서 정책 및 조직의 환경이 전자적 시민참여에 대하여 긍정적인 경우 정부 지원활동이 강화되고, 그 성과 또한 향상되는 것은 일반적 상식이다.

선행 연구에서도 환경과 정부 지원활동(정정길, 1998: 108-109), 환경과 참여 정도(임희섭, 1999) 및 환경과 활용 정도(오철호, 1998) 간의 (+)의 영향력 관계를 보여주고 있다.

정부의 전자적 시민참여를 지원하기 위한 '정치적, 재정적 그리고 문화적 여건' 등의 환경이 갖춰진 만큼 전자적 시민참여를 위한 정부 활동은 많아질 것이다. 이러한 측면은 기존의 연구(김구, 2002; 김석주, 2000; 정연정, 2003; 김종호, 김강민, 2004)는 물론 이 업무와 관련된 정부업무 담당자들의 인터뷰를 통하여 이 둘 간의 관계를 확인할 수 있다.

'환경'과 전자적 시민참여를 위한 정부 지원활동의 결과에 해당하는 '시민의 양적·질적 참여 정도' 간에는 정(+)의 영향 관계가 존재한다. 기존의 연구(김구, 2002; 김석주, 2000; 정연정, 2003; 김종호, 김강민, 2004)뿐만 아니라 이 책에서 소개한 전자적 시민참여 설명모형의 자원동원모형(임희섭, 1999)에 의하여 설명이 가능하다.

전자적 시민참여 지원활동에 해당하는 '홈페이지 기능성, 인터넷의 특성, 정부의 대응성, 행정지원의 노력'과 이로 인한 결과에 해당하는 '시민참여의 양, 시민참여의 질' 간에 정(+)의 영향 관계가 존재한다. '홈페이지 기능성 및 정부의 대응성'과 내생변인 간에는 기존 연구의 기본 논리로 사용되었거나, 일부 실증적으로 분석되었다(김구, 2002; 김석주, 2000; 정연정, 2003; 김종호, 김강민, 2004).

그 외의 '인터넷의 특성'과 '행정지원의 노력'과 내생변인 간의 영향관계는 앞서 소개한 전자적 시민참여 설명모형을 통하여 설명될 수 있다. 구체적으로, 공론장모형의 공론장 형성의 여건의 정도와 연대모형에서 시민-시민 혹은 시민-정부담당자 간의 결합이 가능하도록 하는 인터넷의 특성이 시민참여에 영향을 미칠 수 있음을 설명하고 있다(민경배, 2002). 그리고 자원동원모형에서 정부가 시민참여를 위한 매개집단의 역할을 담당하고, 이를 촉진함에 있어서 행동에 필요한 자원(resources)에 해당하는 '행정적 지원'이 시민참여를 활성화시킬 수 있음을 설명한다(민경배, 2002; 임희섭, 1999).

넷째, 정부 지원활동과 참여 정도, 참여 정도와 행정효율성, 참여 정도와 활용 정도, 활용 정도와 행정민주성 간에 정(+)의 영향력 관계가 존재한다. 먼저, 정부 지원활동과 참여 정도 간의 영향력 관계는 선행 연구에서 쉽게 살펴볼 수 있는 바이다(김구, 2002;

김석주, 2002; 정연정, 2003; 김종호, 김강민, 2004). 전자적 시민 참여 지원활동이 활발하면 시민들의 참여가 늘어나는 것은 일반적 상식이다. 그리고 이러한 시민들의 참여 정도가 향상되면 행정효율성이 증가한다. 여기서 참여 정도의 향상은 양적, 시민참여의 질의 향상을 의미하기에 이에 따른 행정효율성 증가는 상식적으로 이해가 된다. 또한 활용 정도와 행정민주성 간에는 영향력 관계가 존재한다. 즉 시민들의 제안을 많이 활용해야 민주성이 향상된다. 그리고 시민들의 참여 정도가 많으면 활용 또한 많아진다.

2) 측정 가능한 변수의 설정

[표 4]는 전자적 시민참여를 평가하기 위하여 선정된 정부 지원 활동, 참여 정도, 활용 정도, 행정효율성, 행정민주성 및 환경 등에 대한 조작적 정의와 측정 방법을 소개하였다. 또한 인구·사회통계학적 변수들에 대한 조작적 정의와 측정 방법을 소개하였다.

[표 4] 변수 및 측정 방법

구 분	변수명	측정 방법
외생변수1	홈페이지 기능성	Likert's 5점 척도 평균값
	전자공간 특성	Likert's 5점 척도 평균값
	정부 대응성	Likert's 5점 척도 평균값
	행정지원 노력	Likert's 5점 척도 평균값
외생변수2	시민참여의 양	Likert's 5점 척도 평균값
	시민참여의 질	Likert's 5점 척도 평균값
	활용 정도	Likert's 5점 척도 평균값
	환경	Likert's 5점 척도 평균값

구　분	변수명	측정 방법
내생변수1	행정효율성	Likert's 5점 척도 평균값
내생변수2	행정민주성	Likert's 5점 척도 평균값
인구·사회변수	성별	명목척도
	나이	서열척도
	직급	서열척도
	소속	명목척도
	근무연한	서열척도
	학력	서열척도

(1) 환경

환경이란, 정부의 전자적 시민참여와 관련된 정치적, 재정적, 조직·문화적 여건이라고 정의하였다. 환경을 측정하기 위해서, Hofstetter & Alkin(2002) 및 Patton(1977)의 재정상 여건 및 정치적 기회, 오철호(2002)의 조직문화, 정부-시민 간의 협의조직 구성 그리고 Liviton & Hughes(1981)의 정부-시민 간의 협의조직의 실제적 운영과 활성화 등을 변수를 측정하기 위한 하위 문항에 포함시켰다.

이러한 환경을 측정하기 위하여 대표적인 응답자 중심의 척도화 방법인 리커트 척도법(Likert scaling)을 사용하였다. 위의 개별 문항들에 대하여 '매우 긍정', '긍정', '보통', '부정', '매우 부정' 등으로 설계하여 각 문항을 5, 4, 3, 2, 1 등으로 배점하였다. 다음으로 문항의 선정은 신뢰도 분석과 탐색적 요인분석 및 확인적 요인분석을 통하여 신뢰도와 구성타당도가 낮은 문항은 삭제하고, 그렇지 않은 경우는 남겨두었다. 최종적으로 선정된 문항의 측정치의 평균값을 구하여 환경의 점수를 얻었다.

(2) 홈페이지 기능성

홈페이지 기능성이란, 홈페이지 기능의 수준이라고 정의하였다. 홈페이지 기능성에 관한 문항으로서 Doll & Torkzadeh(1988)의 사용자 능력(접근성) 고려, 사용의 용이성, Department of Justice Canada(2001)의 시스템 기능의 구성, 행정자치부(2005)의 접근 속도(시간)를 문항으로 포함시켰다.

이러한 전자적 시민참여매체의 질을 측정하기 위하여 대표적인 응답자 중심의 척도화 방법인 리커트 척도법(Likert scaling)을 사용하였다. 위의 개별 문항들에 대하여 '매우 긍정', '긍정', '보통', '부정', '매우 부정' 등으로 설계하여 각 문항을 5, 4, 3, 2, 1 등으로 배점하였다. 다음으로 문항의 선정은 신뢰도 분석과 탐색적 요인분석 및 확인적 요인분석을 통하여 신뢰도와 구성타당도가 낮은 문항은 삭제하고, 그렇지 않은 경우는 남겨두었다. 최종적으로 선정된 문항의 측정치의 평균값을 구하여 홈페이지 기능성의 점수를 얻었다.

(3) 전자공간 특성

전자공간 특성이란, 인터넷에서의 시민참여의 허용수준 및 정부 공무원과의 상호작용 수준 정도로 정의하였다. 기존 연구에 따르면, 공론장 형성의 조건은 1) 모든 참여자들의 동등한 참여 보장, 2) 모든 이슈의 비판 및 반박 가능성, 3) 명령, 반대, 허락, 금지 등 규제적 언행에 대해 어느 한쪽이 특권을 갖지 않는 것, 4) 자신의 태도, 감정, 의도 등을 솔직히 드러낼 수 있음(Harbermas, 1989; 박형준, 1996 재인용) 등이다. 다음으로 연대형성의 조건은 시민

간(집단 - 집단, 개인 - 집단, 개인 - 개인) 네트워크의 용이함이다 (Deleuze, 1980; Guattari, 1977; 민경배, 2002: 43). 마지막으로 자원동원 조건의 정도를 파악하기 위하여 인원동원이 쉽고, 정치적 기회를 획득하기가 용이한지 등이 포함된다(민경배, 2002: 52; 임희섭, 1999). 이러한 사항들을 문항에 포함시켰다.

이러한 인터넷의 특성을 측정하기 위하여 대표적인 응답자 중심의 척도화 방법인 리커트 척도법(Likert scaling)을 사용하였다. 위의 개별 문항들에 대하여 '매우 긍정', '긍정', '보통', '부정', '매우 부정' 등으로 설계하여 각 문항을 5, 4, 3, 2, 1 등으로 배점하였다. 다음으로 문항의 선정은 신뢰도 분석과 탐색적 요인분석 및 확인적 요인분석을 통하여 신뢰도와 구성타당도가 낮은 문항은 삭제하고, 그렇지 않은 경우는 남겨두었다. 최종적으로 선정된 문항의 측정치의 평균값을 구하여 전자공간 특성의 점수를 얻었다.

(4) 정부 대응성

정부 대응성이란, 홈페이지를 이용하여 참여하는 시민들의 제안에 대한 정부의 대처와 반응이라고 정의하였다. 정부의 대응성을 측정하기 위해서, 강민아 · 이근주(2005)의 민원만족도 조사연구에서 정부부문의 매체를 통한 운영과 관련된 민원처리 기간의 통보와 준수, 처리의 신속성 그리고 처리과정의 투명성을 문항으로 포함시키고, 김렬 · 유근환(2002)의 답변의 충실성, 정연정(2003)의 결과 반영성 그리고 OECD(2003)의 업무의 연속적 발전 등을 함께 포함시켰다.

이러한 정부 대응성을 측정하기 위하여 대표적인 응답자 중심의 척도화 방법인 리커트 척도법(Likert scaling)을 사용하였다. 위의 개별 문항들에 대하여 '매우 긍정', '긍정', '보통', '부정', '매우 부정' 등으로 설계하여 각 문항을 5, 4, 3, 2, 1 등으로 배점하였다. 다음으로 문항의 선정은 신뢰도 분석과 탐색적 요인분석 및 확인적 요인분석을 통하여 신뢰도와 구성타당도가 낮은 문항은 삭제하고, 그렇지 않은 경우는 남겨두었다. 최종적으로 선정된 문항의 측정치의 평균값을 구하여 정부 대응성의 점수를 얻었다.

(5) 행정지원 노력

행정지원 노력이란, 정부 활동에 대하여 시민이 정책에 반영하고자 하는 시민참여에 대한 정부의 행정적 지원활동으로 정의하였다. 행정지원 노력을 측정하기 위해서, Government of Canada(1999), City of Vancouver(1999)의 홍보전략,[22] Doll & Torkzadeth(1988) 및 정보통신부(1997)의 최근 자료 제공, City of Vancouver(1999)의 시민참여활동의 타당한 평가와 보상[23] 그리고 정보통신부(1997)의 시민제안 업무처리에 대한 만족도 평가 및 활용을 변수를 측정하기 위한 하위 문항에 포함시켰다. 그리고 마지막으로 평가모형을 개발하는 과정에서 집행현장모형을 구축하면서 공무원과 인터뷰를 하면서 금융감독원의 경우 금융이용자모니터의 경우 참여를 위한 교육을 포함시켰다.

이러한 행정지원 노력을 측정하기 위하여 대표적인 응답자 중심

---

22) 캐나다와 밴쿠버 자료에서 홍보 시기에 대한 언급만 있는데 이를 좀 더 확대하여 전략의 개념으로 확대하였다.

23) 밴쿠버 자료에서 행정지원으로 인센티브와 마일리지에 대한 언급만 있는데, 이른 좀 더 세분화하여 시민참여활동에 대한 평가와 이에 대한 적절한 보상으로 구분하여 살펴보고자 한다.

의 척도화 방법인 리커트 척도법(Likert scaling)을 사용하였다. 위의 개별 문항들에 대하여 '매우 긍정', '긍정', '보통', '부정', '매우 부정' 등으로 설계하여 각 문항을 5, 4, 3, 2, 1 등으로 배점하였다. 다음으로 문항의 선정은 신뢰도 분석과 탐색적 요인분석 및 확인적 요인분석을 통하여 신뢰도와 구성타당도가 낮은 문항은 삭제하고, 그렇지 않은 경우는 남겨두었다. 최종적으로 선정된 문항의 측정치의 평균값을 구하여 행정지원 노력의 점수를 얻었다.

(6) 시민참여의 양

시민참여의 양이란, 정부 활동에 대하여 시민이 정책에 반영하고자 하는 시민참여의 수량적(분량) 노력의 정도라고 정의하였다. 시민참여의 양을 측정하기 위해서, Carnes, Sam A. et al, (1996)과 정연정(2003)의 참여자들의 다양성 정도, OECD(2003)의 시민제안의 수, 조회 수 및 주제의 다양성, 법제처(2005)[24]의 기관 관련 처리대상 제안의 수를 문항으로 포함시켰다.

이러한 시민참여의 양을 측정하기 위하여 대표적인 응답자 중심의 척도화 방법인 리커트 척도법(Likert scaling)을 사용하였다. 위의 개별 문항들에 대하여 '매우 긍정', '긍정', '보통', '부정', '매우 부정' 등으로 설계하여 각 문항을 5, 4, 3, 2, 1 등으로 배점하였다. 다음으로 문항의 선정은 신뢰도 분석과 탐색적 요인분석 및 확인적 요인분석을 통하여 신뢰도와 구성타당도가 낮은 문항은 삭

---

24) 중앙행정기관을 대상으로 홈페이지의 시민제안메뉴를 통한 총 의견 수, 제안 성격의 수, 활용 수 등에 대한 정보공개요청을 하였다. 일반적으로 많은 의견 수가 있다고 하더라도 거의가 민원성 혹은 자신의 개인적 감정에 따른 민원성 글이 다수를 이루고 있다는 것이다. 제안이라고 하기에는 어려운 사항들이 주로 게시판에 올라온다는 것이다. 따라서 실질적인 제안현황을 파악하려면 이러한 기관 관련 처리대상 시민제안의 수를 파악하여야 한다.

제하고, 그렇지 않은 경우는 남겨두었다. 최종적으로 선정된 문항
의 측정치의 평균값을 구하여 시민참여의 양의 점수를 얻었다.

(7) 시민참여의 질

시민참여의 질이란, 정부 활동에 대하여 시민이 정책에 반영하고
자 하는 시민참여의 내용적 노력의 정도라고 정의하였다. 시민참여
의 질을 측정하기 위해서, Peters(1996) 및 김상묵 외(2004)의 전혀
새로운 정책(문제)의 발견, 정연정(2003) 및 이승종(1993)은 시민제
안의 대표성, Beierle(1998)의 정부의 비효율적 업무 및 제도 개선하
는 내용, 정정길(1998)의 정책과정의 문제 지적 및 개선 내용과 정
책내용(목표, 수단)을 개선하는 내용을 문항으로 포함시켰다.

이러한 시민참여의 질을 측정하기 위하여 대표적인 응답자 중심
의 척도화 방법인 리커트 척도법(Likert scaling)을 사용하였다. 위의
개별 문항들에 대하여 '매우 긍정', '긍정', '보통', '부정', '매우
부정' 등으로 설계하여 각 문항을 5, 4, 3, 2, 1 등으로 배점하였
다. 다음으로 문항의 선정은 신뢰도 분석과 탐색적 요인분석 및
확인적 요인분석을 통하여 신뢰도와 구성타당도가 낮은 문항은 삭
제하고, 그렇지 않은 경우는 남겨두었다. 최종적으로 선정된 문항
의 측정치의 평균값을 구하여 시민참여의 질의 점수를 얻었다.

(8) 활용 정도

활용 정도란, 전자적 시민제안에 대하여 공무원이 정부업무 활동
에 고려하거나, 적용하는 행위라고 정의하였다. 활용 정도를 측정하
기 위해서, 제2장의 이론적 고찰에서 소개한 시민참여결과 활용유
형에 따른 활용 정도를 사용하였다. 즉 도구석 활봉(instrumental

utilization)의 정도(Rich, 1977; 이윤식, 2002: 113), 개념적 활용
(conceptual utilization)의 정도(Rich, 1977: 199 - 211), 계몽적 활용
(enlightening utilization)의 정도(Weiss, 1988: 21 - 33), 상징적 활용
(symbolic utilization)의 정도(Owen, 1999; 이윤식, 2002; 116 재인
용), 설득적 활용(persuasive utilization)의 정도(Leviton & Hughes,
1981: 497 - 519) 및 과정적 활용(process utilization)의 정도(Jonson,
1998: 93 - 110)를 사용하였다.

이러한 활용 정도를 측정하기 위하여 대표적인 응답자 중심의
척도화 방법인 리커트 척도법(Likert scaling)을 사용하였다. 위의 개
별 문항들에 대하여 '매우 긍정', '긍정', '보통', '부정', '매우 부
정' 등으로 설계하여 각 문항을 5, 4, 3, 2, 1 등으로 배점하였다.
다음으로 문항의 선정은 신뢰도 분석과 탐색적 요인분석 및 확인
적 요인분석을 통하여 신뢰도와 구성타당도가 낮은 문항은 삭제하
고, 그렇지 않은 경우는 남겨두었다. 최종적으로 선정된 문항의 측
정치의 평균값을 구하여 활용 정도의 점수를 얻었다.

(9) 행정효율성
행정효율성이란, 전자적 시민참여를 통하여 목표를 어느 정도
능률적으로 달성하였는지의 정도라고 정의하였다. 행정효율성을 측
정하기 위해서, 정보통신부(1997)에서 효율성 지표를 활용하고자
한다. 즉 업무생산성 향상(시민참여 현황과 처리 및 관리 용이성,
기존 업무처리방법에 비하여 생산적), 업무의 비용절감, 직원만족
정도, 업무처리절차 개선 및 행정혁신의 정도 등을 변수를 측정하
기 위한 하위 문항에 포함시켰다.

이러한 행정효율성을 측정하기 위하여 대표적인 응답자 중심의 척도화 방법인 리커트 척도법(Likert scaling)을 사용하였다. 위의 개별 문항들에 대하여 '매우 긍정', '긍정', '보통', '부정', '매우 부정' 등으로 설계하여 각 문항을 5, 4, 3, 2, 1 등으로 배점하였다. 다음으로 문항의 선정은 신뢰도 분석과 탐색적 요인분석 및 확인적 요인분석을 통하여 신뢰도와 구성타당도가 낮은 문항은 삭제하고, 그렇지 않은 경우는 남겨두었다. 최종적으로 선정된 문항의 측정치의 평균값을 구하여 행정효율성의 점수를 얻었다.

(10) 행정민주성

행정민주성이란, 시민의 의사를 행정에 반영하고, 시민을 위한 행정을 수행하는 정도라고 정의하였다. 행정민주성을 측정하기 위해서, 오형국(2005)의 시민과 정부 간의 신뢰형성, 윤상오(2003)의 시민의 국정참여 파트너로의 역할 확대, 이윤식(2003)의 시민의 대표적 견해의 정책 반영 등을 변수를 측정하기 위한 하위 문항에 포함시켰다.

이러한 행정민주성을 측정하기 위하여 대표적인 응답자 중심의 척도화 방법인 리커트 척도법(Likert scaling)을 사용하였다. 위의 개별 문항들에 대하여 '매우 긍정', '긍정', '보통', '부정', '매우 부정' 등으로 설계하여 각 문항을 1, 2, 3, 4, 5 등으로 배점하였다. 다음으로 문항의 선정은 내적 일관성 분석을 통하여 신뢰도가 낮은 문항은 삭제하고, 그렇지 않은 경우는 남겨두었다. 최종적으로 문항으로 선정된 문항의 측정치의 평균값을 구하여 설문응답자의 행정민주성의 점수를 얻었다.

4. 평가모형의 예비 타당성 조사

1) 예비 타당성 조사의 절차

위에서 설정한 평가모형을 확정하기 전에 평가모형에 포함된 항목들에 대한 내용타당성을 조사할 필요가 있다. 내용타당성(content validity)은 측정도구를 구성하는 측정지표(문항)가 측정하고자 하는 내용을 대표하고 있는가를 나타낸다(남궁근, 2003: 407).

내용타당성 조사의 방법으로 기존 이론 등을 판단기준으로 사용하는 방법, 전문가 의견 청취, 패널토의, 워크숍 등이 있다. 이처럼 내용타당성은 본질적으로 검증이 어렵고, 연구자나 전문가들의 주관적인 판단에 크게 의존한다.

이 책에 있어서 예비 타당성 조사의 방법은 전문가 의견 청취를 활용하였다. 구체적으로, 조사 대상자들은 정부 정책실무 경험을 겸비한 대학교수 3명을 선정하여 예비타당성을 조사하였다. 이들에 대하여 구조화된 면접지를 사용하여 구조화 면접[25]을 2006년 4월 10일 – 21일 사이에 실시하였다.

2) 예비 타당성 조사의 결과

부록 1의 전문가 의견조사 질문지는 최초의 문항들을 소개하고 있다. 이들에 대하여 예비 타당성 조사를 통하여 최초 설문문항 55개 중에서 11개를 제거하고,[26] 나머지 44개 문항으로 설문문항

---

25) 각 질의에 대한 자유로운 의견 게재가 가능하도록 한다.

26) 질문지와 인터뷰를 병행하였으며, 전문가들의 견해가 대체로 일체하여 삭제할 문항을 판단

을 확정하였다. 삭제된 11개의 문항은 다음과 같다.

첫째, 홈페이지 기능성에 있어서 '오류의 정도'는 최근에 전자정부 사업의 일환으로 정부 홈페이지의 수준이 높고, 잘 관리되고 있어서 크게 변별력이 없을 것이라 하여 삭제하였다.

둘째, 정부 대응성에 있어서 '시민제안 업무반영 정도'와 '관련 업무의 지속적 추진'은 다른 4가지 문항들이 즉각적인 정부의 반응 혹은 직접적인 정부의 반응이라고 한다면 이 두 가지는 시민들에게 반응을 보여주는 방법 또한 어렵고, 실제로 이에 대한 환류가 거의 없기 때문에 삭제하게 되었다.

셋째, 시민참여의 양에 있어서 '시민제안의 수', '시민제안 주제의 다양성'을 삭제하였다. 먼저, 시민제안의 수는 다음 문항에 있는 '부처 관련 처리대상 시민제안의 수'가 정확한 표현이면서 이와 유사하기 때문에 삭제하였다. 다음으로 '시민제안 주제의 다양성'은 내용에 해당되기 때문에 삭제하였다.

넷째, 시민참여의 질에 있어서 '정부의 비효율적 업무 및 제도 개선'은 다음에 나오는 '정책과정상의 문제개선', '정책내용상의 문제개선'의 항목을 포괄하고 있어서 이를 삭제하였다.

다섯째, 활용 정도에 있어서 '확정된 사안에 대한 사후적 지지의 수단 활용', '시민들의 참여를 통한 그들의 행위나 인식의 변화를 위한 활용' 등은 정책제안과 관련한 시민참여와는 동떨어지는 활용이라서 삭제하였다.

여섯째, 환경에 있어서 '사회 환경(언론, 시민단체 등의 활동)'은 이 책에서 다루는 정부 홈페이지를 통한 시민 개인의 아주 개인적

하는 데 이견음이 없있나.

인 정책제안에 대하여 이슈화하는 경우가 극히 드물기 때문에 삭제하였다.

일곱째, 행정효율성에 있어서 '담당자의 업무처리방법에 대한 만족도'와 '조직문화개선에 실질적인 도움'은 행정효율성보다는 각각의 의미처럼 만족도와 조직문화 개선(민주성 측면)을 나타내고 있어서 삭제하였다.

5. 평가항목의 신뢰도 및 구성 타당성의 분석

1) 신뢰도 및 구성 타당성 분석의 방법

평가항목에 대한 신뢰도 분석을 위하여 Cronbach's alpha 계수를 이용하는 내적 일관성 분석(internal consistency analysis)을 실시하였다. 즉 동일한 개념을 측정하기 위해 여러 개의 항목을 이용하는 경우 신뢰도를 저해하는 문항을 찾아내어 측정도구에서 제외시킴으로써 측정도구의 신뢰도를 높이기 위한 방법으로 Cronbach's alpha 계수를 사용한다(채서일, 1997: 248: 남궁근, 2004: 422).

신뢰도 인정은 Cronbach's alpha 계수가 0.6 이상을 어느 정도 신뢰도가 있는 것으로 판정하였다(노형진, 1999: 652-653). 만약에 신뢰도 분석에서 평가항목의 전반적인 신뢰도를 낮추는 항목이 존재할 때에는 기존 연구는 물론 경험에 근거하여 중요성을 판단하여 항목의 제거 여부를 결정하였다.[27]

---

27) 신뢰도의 수준은 보통 Cronbach's alpha 계수가 0.60 이상이면 신뢰성이 있다고 한다(노형진, 1999: 652-653).

평가항목의 구성 타당성을 검증하기 위하여 확인적 요인분석(confirmatory factor analysis)을 사용하였다. 여기서 구성 타당성(construct validity)이란 연구에 사용된 이론적 구성(theoretical construct)과 이를 측정하는 측정도구(또는 측정수단)가 얼마나 일치되는지의 정도를 나타내는 개념이다(남궁근, 2003: 408-410). 즉 평가항목의 가설적 요인구조가 관찰된 자료를 통하여 얼마나 일치하는지를 의미한다.

이를 위하여 평가항목의 적합도를 검증하기 위하여, 먼저 Chi-square 검증을 하였다. 이는 모형과 관측 자료가 같다고 하는 가설에 대한 검증이다(노형진, 2003: 274). 이러한 Chi-square 검증은 표본 크기에 민감하기 때문에 고려의 대상이지만 심각하게 간주하지는 않았다(조용래, 2004: 212). 다음으로, 평가항목의 적합도를 나타내는 적합도 지수, 즉 AGFI, TLI, CFI, RMR 및 RMSEA 등을 적합도 기준 값에 비추어 평가항목의 구성 타당성을 확인하였다.[28]

2) 신뢰도 및 구성 타당성 분석의 결과

평가항목에 대한 신뢰도 및 구성 타당성 분석에 앞서서 부록 2의 설문지를 이용하여 자료를 수집하였다. 자료수집의 대상은 중앙행정기관 중에서 부단위의 18개 전 기관에서 전자적 시민참여 지원활동을 비교적 활발하게 수행하는 부서 담당자들이다.[29]

---

[28] 모형의 적합도 지수의 적합도 기준 값으로 AGFI 0.9 정도, TLI 0.9 이상, CFI 0.9 이상, SRMR 0.05 이하 및 RMSEA 0.08 이하 등으로 정하였다(김계수, 2002: 353: 김기영, 2001). CFI≥0.96 and SRMR≤0.10 or RMSEA≤1.06 and SRMR≤0.10을 만족하는지 확인하고자 한다(Hu, L. & Bentler P. M., 1999: 1-55). 연구자는 많은 다양한 지수를 모두 만족하면 가장 이상적인 경우이지만 특히, CFI, TLI 그리고 연합 지수의 적합도 조건을 만족하면 모형의 적합도가 좋다고 하겠다.

[29] 18개 부단위의 기관 홈페이지에서 시민들이 제안하거나, 민원을 요구하였을 때 이에 대하

이들 대상에 대하여 2006년 4월 24일부터 5월 3일까지 e-mail과 전화를 통하여 설문지 참여 가능 여부를 파악하였고, 설문에 참여하기로 의사를 밝힌 공무원들을 대상으로 직접 방문하여 인터뷰 형식으로 설문지에 대한 설명은 물론 질문사항에 답하여 충실한 설문조사를 실시하였다.

설문지는 평가모형에 포함된 44개 문항에 대하여 리커트 5점 척도, 즉 매우 긍정, 긍정, 보통, 부정, 매우 부정으로 서열척도지만 등간척도로 간주하여 표시할 수 있도록 하였다.[30] 그리고 사회·인구통계변수 6개 문항은 명목척도로서 개별 변수 값을 선택할 수 있도록 하였다.

(1) 신뢰도 분석의 결과

평가항목에 대한 신뢰도는 Cronbach's alpha 계수를 이용하여 확인하였다. 자세한 신뢰도 분석결과는 부록 3에서 자세히 소개하고 있다.

① 환경

환경 평가항목에 대한 5가지의 문항들, 즉 정치적 기회의 조성,

여 어느 정도 활발하게 활동하는 부서 공무원들의 전화번호 및 e-mail을 활용하였다. 특히, 민원 및 정책제안 업무가 활발한 부서의 경우에는 2명씩 추출하고, 그렇지 않은 경우에는 1명씩 추출하였다. 그리고 만약의 경우 홈페이지에서 시민참여서비스 활동을 관찰하기 어려운 경우에는 홈페이지 조직도와 업무소개를 참조하여 민원을 총괄하는 부서담당자에게 해당 부서를 확인하였다. 확인된 부서 공무원들을 대상으로 전화를 통하여 업무를 수행하고 있는지를 파악하고, 설문 참여가능 여부를 파악한 후에 조사대상으로 선정하였다.

30) 본 연구는 전자적 시민참여서비스 이후에 시간의 차이를 두고 발생되는 시민참여, 정부활용, 행정효율성 및 행정민주성 현황을 다룬다. 하지만 본 연구에서는 시간에 따른 개별 평가항목들의 변화와 이들 간의 관계에 관심이 있지 않고, 평가항목 간의 영향의 정도와 그 인과적 순서에 관심이 있다. 따라서 본 연구에서 시간(time)이 그렇게 중요시되지 않는다. 따라서 연구자는 개별 사건들이 관찰되는 시점이 각각 다르지만 이 업무를 수행하고 있는 실무자들의 인식에 근거하여 본 사건들이 거의 동일시간에 이루어지는 것으로 간주하여 자료를 수집·사용하고자 한다.

재정적 여건, 조직문화, 정부-국민 협의조직구성 및 정부-국민 협의조직의 활성화 등에 대한 Cronbach's alpha 계수는 0.8089로서 신뢰도가 매우 높은 수준이었다. 그런데 만약 '정치적 기회의 조성' 문항을 제거하면, Cronbach's alpha 계수가 0.8144로서 신뢰도가 높아진다. 하지만 이 문항은 이론적 고찰에서 살펴본 바와 같이 시민들의 참여는 물론 시민들의 제안에 대한 정부 활용에 영향을 주는 중요한 사항이기 때문에 이를 평가항목에 포함시켰다(Oh, 1996).

② 홈페이지 기능성

홈페이지 기능성 평가항목에 대한 4가지의 문항들, 즉 사용자 접근성, 사용의 용이성, 기능 구성 및 처리 속도 등에 대한 Cronbach's alpha 계수가 0.7333으로서 신뢰도가 높은 수준이었다. 그런데 네 번째 문항인 '홈페이지의 처리속도' 문항을 제거하게 되면 Cronbach's alpha 계수가 0.7744로서 신뢰도가 높아진다. 하지만 기존의 정부 홈페이지 평가결과에 따르면 이는 홈페이지의 기능성을 판단하는 중요한 준거가 된다(행정자치부, 2005). 이러한 근거에 따라 홈페이지 처리속도를 평가항목에 포함시켰다.

③ 전자공간 특성

전자공간 특성 평가항목에 대한 6가지의 문항들, 즉 동등한 참여의 보장성, 비판 및 반박의 가능성, 명령·반대·허락·금지 등 규제적 언행에 대한 균형적 기회제공, 자신의 솔직한 표현 가능성, 의사소통의 용이성, 정보제공 용이성과 정책참여 기회 등에 대한 Cronbach's alpha 계수가 0.8323으로서 신뢰도가 매우 높은 수준이다. 그리고 6개의 문항 중에서 하나를 제거했을 때의 Cronbach's alpha 계수가 앞서 소개한 값보다 낮기 때문에 6개 문항 모두를 평가항목에 포함시켰다.

④ 정부 대응성

정부 대응성 평가항목에 대한 4가지의 문항들, 즉 처리 기간의 통보와 준수, 신속처리, 답변 충실성 및 처리 전 과정의 투명성 등에 대한 Cronbach's alpha 계수가 0.8061로서 신뢰도가 매우 높은 수준이다. 그리고 4개의 문항 중에서 하나를 제거했을 때의 Cronbach's alpha 계수가 앞서 소개한 값보다 낮기 때문에 4개 문항 모두를 평가항목에 포함시켰다.

⑤ 행정지원 노력

행정지원 노력 평가항목에 대한 5가지의 문항들, 즉 홍보노력, 교육제공, 관련 자료제공, 적절한 보상, 및 업무처리에 대한 만족도 평가 및 활용 등에 Cronbach's alpha 계수가 0.8492로서 신뢰도가 매우 높은 수준이다. 그리고 5개의 문항 중에서 하나를 제거했을 때의 Cronbach's alpha 계수가 앞서 소개한 것보다 낮기 때문에 5개 문항 모두를 평가항목에 포함시켰다.

⑥ 시민참여의 양

시민참여의 양 평가항목에 대한 4가지의 문항들, 즉 제안의 수, 참여자 다양성, 조회 수 및 댓글 수 등에 대한 Cronbach's alpha 계수가 0.7676으로서 신뢰도가 높은 수준이다. 그런데 두 번째 문항인 참여자의 다양성 문항을 제거하면, Cronbach's alpha 계수가 0.7719로서 높아진다. 하지만 홈페이지에서 동일인이 많은 제안을 하거나, 동일한 제안을 하는 경우가 가능하기 때문에 참여자의 다양성이 중요한 측면이 될 수 있다. 이러한 측면에서 이 문항을 평가항목에 포함시켰다.

⑦ 시민참여의 질

시민참여의 질 평가항목에 대한 4가지의 문항들, 즉 제안의 대표성, 정책내용 개선내용, 정책과정상의 문제지적 및 새로운 정책문제 발견 등에 대한 Cronbach's alpha 계수가 0.8542로서 신뢰도가 매우 높은 수준이다. 그리고 4개의 문항 중에서 하나를 제거했을 때의 Cronbach's alpha 계수가 앞서 소개한 것보다 낮기 때문에 4개 문항 모두를 평가항목에 포함시켰다.

⑧ 활용 정도

활용 정도 평가항목에 대한 4가지의 문항들, 즉 정책문제 개선위한 직접적 수단, 정책결정자의 인식 재고, 민주성 확보 및 시민설득수단 등에 대한 Cronbach's alpha 계수가 0.7876으로서 신뢰도가 높은 수준이다. 그리고 4개의 문항 중에서 하나를 제거했을 때의 Cronbach's alpha 계수가 앞서 소개한 것보다 낮기 때문에 4개 문항 모두를 평가항목에 포함시켰다.

⑨ 행정효율성

행정효율성 평가항목에 대한 4가지의 문항들, 즉 정책참여 현황 및 관리의 용이성, 생산성 향상, 비용 절감 및 업무처리절차의 개선 등에 대한 Cronbach's alpha 계수가 0.8783으로서 신뢰도가 매우 높은 수준이다. 그리고 4개의 문항 중에서 하나를 제거했을 때의 Cronbach's alpha 계수가 앞서 소개한 것보다 낮기 때문에 4개 문항 모두를 평가항목에 포함시켰다.

⑩ 행정민주성

행정민주성 평가항목에 대한 4가지의 문항들, 즉 정부 - 국민 신뢰형성, 정책문화 향상, 국민의 국정참여 파트너로서 역할 확대 및 국민의 대표적 견해의 정책반영 등에 대한 Cronbach's alpha 계수가 0.8005로서 신뢰도가 매우 높은 수준이다. 그리고 4개의 문항 중에서 하나를 제거했을 때의 Cronbach's alpha 계수가 앞서 소개한 것보다 낮기 때문에 4개 문항 모두를 평가항목에 포함시켰다.

(2) 구성 타당성 분석의 결과

평가항목의 구성 타당성 분석은 다음과 같으며, 이를 수행하기 전에 확인해야 할 탐색적 요인분석의 결과는 부록 4에서 보여준다.

① 환경

확인적 요인분석을 통하여 잠재변인에 대한 부하 값, 적합도 검증결과 및 적합도 지수를 살펴보았다. 잠재변인에 대한 부하 값이 .48 - .86으로 나타났다. 그리고 적합도 검증결과와 적합도 지수는 아래에서 제시하는 기준 값을 모두 만족하며, 연합 지수, 즉 1) CFI≥0.96 and SRMR≤0.10 또는 2) RMSEA≤0.06 & SRMR≤0.10을 모두 만족하였다. 이러한 결과를 토대로 할 때 평가항목의 구성 타당도가 좋다고 할 수 있다.

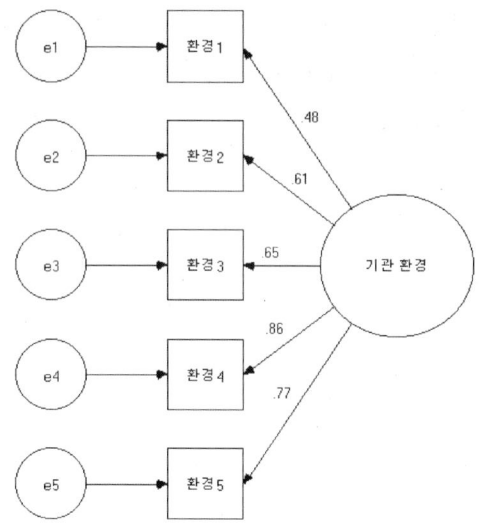

[그림 9] 환경 평가항목의 부하 값

[표 5] 환경 평가항목의 적합도 지수

척 도	x^2	df	p	AGFI	TLI	CFI	SRMR	RMSEA
기관환경	8.687	5	.122	.925	.962	.981	.0414	.078
기준 값			.05 이상	.9 정도	.9 이상	.9 이상	.05 이하	.08 이하

3) 홈페이지 기능성

확인적 요인분석을 통하여 잠재변인에 대한 부하 값, 적합도 검증결과 및 적합도 지수를 살펴보았다. 잠재변인에 대한 부하 값이 .41 - .81로 나타났다. 그리고 적합도 검증결과와 적합도 지수는 아래에서 제시하는 기준 값을 모두 만족하며, 연합 지수, 즉 1) CFI ≥ 0.96 and SRMR ≤ 0.10 또는 2) RMSEA ≤ 0.06 & SRMR ≤ 0.10을 모두 만족하였다. 이러한 결과를 토대로 할 때 평가항목의 구성 타당도가 좋다고 할 수 있다.

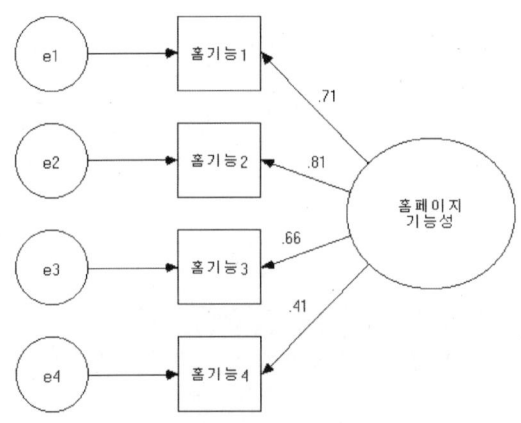

[그림 10] 홈페이지 기능성 평가항목의 부하 값

[표 6] 홈페이지 기능성 평가항목의 적합도 지수

척 도	x^2	df	p	AGFI	TLI	CFI	SRMR	RMSEA
홈페이지 기능성	2.229	2	.328	.954	.994	.998	.0248	.031
기준 값			.05 이상	.9 정도	.9 이상	.9 이상	.05 이하	.08 이하

4) 전자공간 특성

확인적 요인분석을 통하여 잠재변인에 대한 부하 값, 적합도 검증결과 및 적합도 지수를 살펴보았다. 잠재변인에 대한 부하 값이 .64 - .71로 나타났다. 그리고 적합도 검증결과와 적합도 지수는 아래에서 제시하는 기준 값을 모두 만족하며, 연합 지수, 즉 1) CFI ≥ 0.96 and SRMR ≤ 0.10 또는 2) RMSEA ≤ 0.06 & SRMR ≤ 0.10을 모두 만족하였다. 이러한 결과를 토대로 할 때 평가항목의 구성 타당도가 좋다고 할 수 있다.

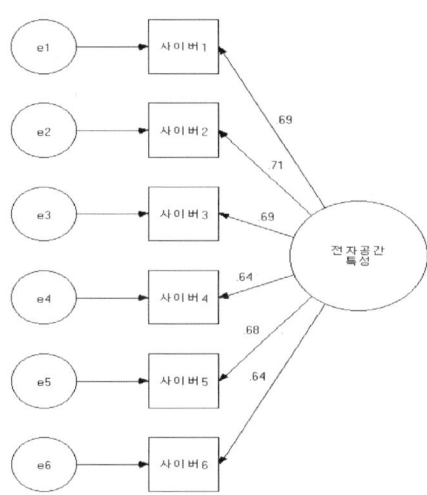

[그림 11] 전자공간 특성 평가항목의 부하 값

[표 7] 전자공간 특성 평가항목의 적합도 지수

척 도	x^2	df	p	AGFI	TLI	CFI	SRMR	RMSEA
전자공간 특성	11.914	9	.218	.927	.978	.987	.0369	.052
기준 값			.05 이상	.9 정도	.9 이상	.9 이상	.05 이하	.08 이하

5) 정부 대응성

확인적 요인분석을 통하여 잠재변인에 대한 부하 값, 적합도 검증결과 및 적합도 지수를 살펴보았다. 잠재변인에 대한 부하 값이 .54 - .87로 나타났다. 그리고 적합도 검증결과와 적합도 지수는 아래에서 제시하는 기준 값을 일부 만족하였다. 즉 CFI와 연합 지수 CFI≥0.96 and SRMR≤0.10을 거의 만족하였다. 이러한 결과를 토대로 할 때 평가항목의 구성 타당도가 좋다고 할 수 있다.

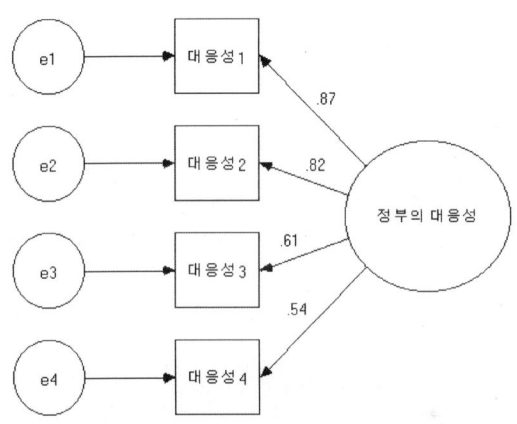

[그림 12] 정부 대응성 평가항목의 부하 값

[표 8] 정부 대응성 평가항목의 적합도 지수

척 도	x^2	df	p	AGFI	TLI	CFI	SRMR	RMSEA
정부의 대응성	10.039	2	.007	.802	.859	.953	.0566	.182
기준 값			.05 이상	.9 정도	.9 이상	.9 이상	.05 이하	.08 이하

6) 행정지원 노력

확인적 요인분석을 통하여 잠재변인에 대한 부하 값, 적합도 검증결과 및 적합도 지수를 살펴보았다. 잠재변인에 대한 부하 값이 .66 - .79로 나타났다. 그리고 적합도 검증결과와 적합도 지수는 아래에서 제시하는 기준 값을 모두 만족하며, 연합 지수, 즉 1) CFI ≥0.96 and SRMR≤0.10 또는 2) RMSEA≤0.06 & SRMR≤0.10을 모두 만족하였다. 이러한 결과를 토대로 할 때 평가항목의 구성 타당도가 좋다고 할 수 있다.

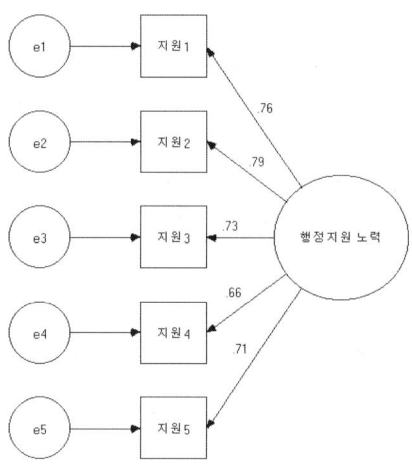

[그림 13] 행정지원 노력 평가항목의 부하 값

[표 9] 행정지원 노력 평가항목의 적합도 지수

척 도	x^2	df	p	AGFI	TLI	CFI	SRMR	RMSEA
행정지원 노력	6.471	5	.263	.933	.987	.994	.0287	.049
기준 값			.05 이상	.9 정도	.9 이상	.9 이상	.05 이하	.08 이하

7) 시민참여의 양

　확인적 요인분석을 통하여 잠재변인에 대한 부하 값, 적합도 검증결과 및 적합도 지수를 살펴보았다. 잠재변인에 대한 부하 값이 .49 - .86으로 나타났다. 그리고 적합도 검증결과와 적합도 지수는 아래에서 제시하는 적합도 기준 값 중에서 RMSEA를 제외하고 모두 만족하며, 연합 지수, 즉 CFI≥0.96 and SRMR≤0.10을 만족하였다. 이러한 결과를 토대로 할 때 평가항목의 구성 타당도가 좋다고 할 수 있다.

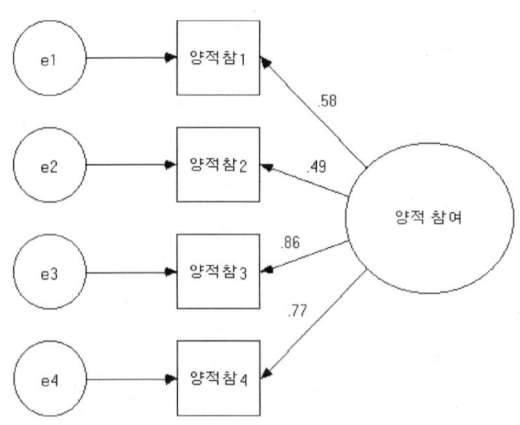

[그림 14] 시민참여의 양 평가항목의 부하 값

[표 10] 시민참여의 양 평가항목의 적합도 지수

척 도	x^2	df	p	AGFI	TLI	CFI	SRMR	RMSEA
양적참여	4.671	2	.097	.907	.941	.980	.0405	.105
기준 값			.05 이상	.9 정도	.9 이상	.9 이상	.05 이하	.08 이하

8) 시민참여의 질

확인적 요인분석을 통하여 잠재변인에 대한 부하 값, 적합도 검증결과 및 적합도 지수를 살펴보았다. 잠재변인에 대한 부하 값이 .68 - .85로 나타났다. 그리고 적합도 검증결과와 적합도 지수는 아래에서 제시하는 기준 값 중에서 일부 만족하였다. 즉 TLI, CFI, SRMR과 연합 지수 CFI≥0.96 and SRMR≤0.10을 만족하였다. 이러한 결과를 토대로 할 때 평가항목의 구성 타당도가 좋다고 할 수 있다.

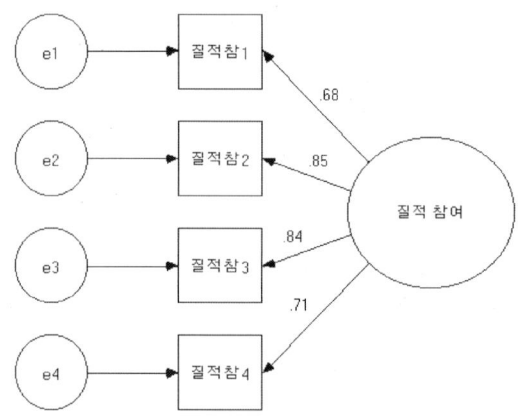

[그림 15] 시민참여의 질 평가항목의 부하 값

[표 11] 시민참여의 질 평가항목의 적합도 지수

척 도	x^2	df	p	AGFI	TLI	CFI	SRMR	RMSEA
질적 참여	8.919	2	.012	.827	.906	.969	.0388	.168
기준 값			.05 이상	.9 정도	.9 이상	.9 이상	.05 이하	.08 이하

제2장 시민들은 얼마나 참여하는가?

1. 평가모형 및 조사방법

1) 평가모형

앞서 소개된 [그림 6] '과정평가모형_최종 변수 행정효율성'에서 전자적 시민참여 지원활동을 구체적으로 표현하여 [그림 16]과 같이 구성하였다. 전자적 시민참여 지원활동에 해당하는 외생변수는 정부 문서상모형, 집행현장모형 그리고 기존 이론을 토대로 홈페이지 기능성, 인터넷의 특성, 정부대응성, 행정지원 노력 그리고 환경으로 구성하였다. 그리고 시민참여의 질, 시민참여의 양을 내생변수로 두었다.[31]

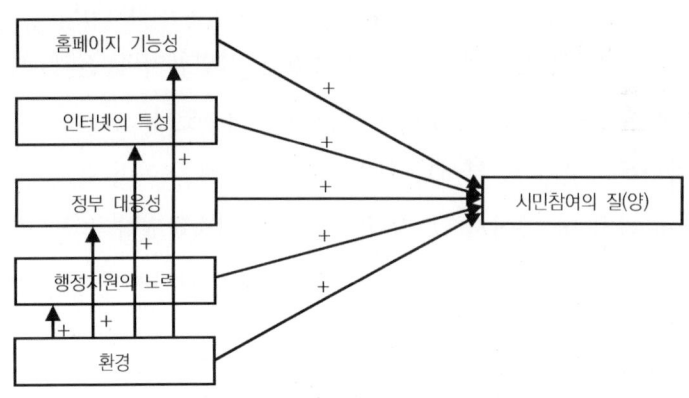

[그림 16] 전자적 시민참여 정도 평가모형

---

31) 외생변수가 종속변수보다 시간적으로 앞서는 경우는 이 책에서 배제한다.

2) 조사방법

중앙행정기관 중에서 부단위의 18개 전 기관에서 전자적 시민참여 지원활동을 비교적 활발하게 수행하는 부서 담당자들이다.[32] 조사대상 자의 선정은 비확률 표집방법 중 유의적 표집방법(purposive sampling) 을 사용하여, 총 130명의 부서 담당자들이 조사에 참여하였다. 조사방 법은 부처 홈페이지의 메뉴를 방문하여 비교적 활발하게 운영된다고 판단되는 부서를 확인하고, 해당 담당자들에게 e‐mail과 전화를 통하 여 사전에 협조를 얻었다. 그리고 연구자가 직접 방문하여 조사내용 및 방법에 대해 설명하고 실무자들이 설문지를 작성한 후 회수하는 인터 뷰를 포함한 설문조사 방식으로 이루어졌다. 자료 수집은 2006년 4월 24일부터 5월 3일까지 실시되었으며, 실제로 회수된 설문지는 130부였 으나, 응답이 부실한 설문지 7부를 제외하고 총 123부가 최종분석에 사용되었다. 분석에서 제외된 7부는 전체 조사대상자 중 상대적으로 낮 은 비율이며, 초기분석과정에서 이를 제외한 것이 통계적으로 전혀 영 향을 미치고 있지 않다고 판단되어 최종분석에서 제외하였다.

앞서 소개한 [표 4]에서 매개변수였던 시민참여의 질과 시민참 여의 양을 종속변수로 변경하여 조사·분석하였다.

평가항목의 신뢰도 분석과 구성 타당성 분석은 이미 II부 평가의 1장에서 다룬 바 있어서 그 결과를 간단히 기술하였다. 다만 조사대 상자들의 일반적 특성과 시민참여 영향요인과 시민참여 정도(질, 양)

---

32) 18개 부단위의 기관 홈페이지에서 시민들이 제안하거나, 민원을 요구하였을 때 이에 대하 여 어느 정도 활발하게 활동하는 부서 공무원들의 전화번호 및 e‐mail을 활용하였다. 특 히, 민원 및 정책제안 업무가 활발한 부서의 경우에는 2명씩 추출하고, 그렇지 않은 경우에 는 1명씩 추출하였다

의 특성을 파악하기 위하여 SPSS 12.0을 사용하여 기술적 통계, 탐색적 요인분석, t - 검정 그리고 분산분석을 실시하였다. 마지막으로, 평가모형에 대하여 적합도와 항목 간 관계를 살펴보기 위하여 AMOS 5.0 컴퓨터 프로그램을 이용하여 경로분석을 실시하였다.

원래 평가모형을 이루는 평가항목이 잠재변수인데 모형의 단순화와 설명을 용이하게 하기 위하여 하위 항목들의 평균값을 하나의 변수로 만들어서 사용하였다. 이렇게 수집된 자료를 갖고서 공분산구조분석과 마찬가지로 관측변수 간의 영향력 관계를 살펴볼 수 있는 경로분석을 통하여 평가모형의 적합도와 평가항목 간의 관계를 살펴보았다.

평가모형의 적합도 검증을 위하여 다음과 같은 사항들을 살펴보았다. 앞서 평가항목의 적합도를 살펴보던 것같이 Chi - square 검증, 개별 적합도 지수(AGFI, TLI, CFI, RMR 및 RMSEA)를 살펴보았다. 그리고 항목 간 관계를 분석하기 위하여 항목 간의 인과계수(Estimate), 표준오차(S. E.) 및 임계치(C. R.)를 살펴보았다.[33]

2. 평가항목의 신뢰도 및 구성 타당성 분석

평가항목의 구성 타당성에 대한 분석의 결과는 다음과 같다. 첫째, 요인분석이 적용 가능한지에 대한 분석의 결과는 아래 [표 12]와 같다. 참여 정도를 제외하고는 요인분석을 위한 모든 조건들을 어느 정도 만족한다고 할 수 있다. 참여 정도의 경우, KMO가

---

33) 검정통계량 C. R.(Critical Ratio)의 값이 1.96(p〈0.05)보다 클 때는 그 인과계수는 의미가 있다. '어떤 평가항목1과 평가항목2 간의 회귀계수가 0이다.'라는 귀무가설을 기각하여 두 개의 평가항목 간에 인과성이 있음을 확인할 수 있다.

0.500으로 표본이 부적절한 것으로 나오는데, 이는 하위문항이 2개로 구성되어 나온 결과이다. 하지만 다른 조건들은 만족하고 있어서 참여 정도 평가항목에 대한 요인분석이 가능하다고 할 수 있다.

둘째, 최종 포함될 문항의 선정과 요인의 수 그리고 어떻게 요인이 묶이는지를 확인할 수 있는 탐색적 요인분석의 결과는 다음과 같다. 요인의 수를 결정하기 위하여 참조하는 고유값(eigenvalue) 1 이상인 것이 개별 평가항목마다 1개씩 있었다. 즉 모든 평가항목의 요인의 수가 1개임을 확인하였다. 그리고 주축요인추출에 따라서 나온 초기 공통성(communality)과 추출 후 공통성이 거의 모두 0.30을 넘는다. 이는 곧 1개의 요인으로 개별 하위문항에 대한 설명이 잘되는 것을 의미한다. 뿐만 아니라 요인부하량의 경우 0.4를 모두 넘고 있어서 거의 모든 항목들을 포함시켜도 크게 문제가 되지 않는 것으로 판단된다.

셋째, 구성 타당성을 확인하기 위한 확인적 요인분석의 결과는 [표 13]과 같다. 요인모형의 적합도 기준 값들을 거의 만족하고 있다. 뿐만 아니라 잠재변인에 대한 부하 값이 0.4 이상으로 하위항목들의 구성이 잘되었다고 할 수 있다.

[표 12] 요인분석 적용 가능성 확인

변수명	신뢰도	문항 상관성[34]	KMO	Bartlett의 검정		
				근사 X^2	DF	p
홈페이지 기능성	0.7744	만족	0.730	116.272	6	0.000
전자공간 특성	0.8323	만족	0.857	234.216	15	0.000
정부 대응성	0.8031	만족	0.735	173.868	6	0.000
행정지원 노력	0.8492	만족	0.851	235.920	10	0.000
환경	0.8089	만족	0.796	199.815	10	0.000
시민참여의 양	0.7676	만족	0.726	140.037	6	0.000
시민참여의 질	0.8542	만족	0.782	223.003	6	0.000

[표 13] 요인모형의 구성 타당성 검증 결과

변 수	x^2	df	p	AGFI	TLI	CFI	SRMR	RMSEA
환경	8.687	5	.122	.925	.962	.981	.0414	.078
홈페이지 기능성	2.229	2	.328	.954	.994	.998	.0248	.031
인터넷특성	11.914	9	.218	.927	.978	.987	.0369	.052
정부대응성	10.039	2	.007	.802	.859	.953	.0566	.182
행정지원노력	6.471	5	.263	.933	.987	.994	.0287	.049
양적참여 정도	4.671	2	.097	.907	.941	.980	.0405	.105
질적 참여 정도	8.919	2	.012	.827	.906	.969	.0388	.168
기준 값				.05 이상	.9 정도	.9 이상	.9 이상	.05 이하	.08 이하

3. 조사대상자의 일반적 특성

설문대상자들의 인구·통계적 분석결과는 다음과 같다. 성비(sex ratio)는 남성이 65.9%(81명)이고, 여성이 34.1%(42명)였다. 연령 비율은 30대가 65%(80명)이고, 40대가 25.2%(31명)였다. 설문응답자들의 대다수는 30-40대(90.2%)였다. 직급은 5급이 18.7%(23명), 6급이 35%(43명), 7급이 29.3%(36명)로서, 전체 설문응답자 중에서 5급-7급 사이의 공무원이 전체의 83%(102명)를 차지하였다. 근무연한은 5년 미만이 25.8%나 되었고, 20년 미만이 84.6%(104명)로서 대다수를 차지하였다. 설문응답자들의 학력은 대졸이 81.3%(100명)이고, 대학원 석사졸업이 12.2%(15명)로 대졸 이상이 전체의 95.9%(118명)를 차지하였다.

---

34) 상관행렬 절반 이상의 상관이 ±0.30 초과하는지 여부를 확인한다.

4. 시민참여 및 영향요인의 정도

전자적 시민참여와 영향요인의 정도를 살펴보기 위하여 [표 14]처럼 개별 항목에 대한 평균과 표준편차를 살펴보았다. 먼저, 전자적 시민참여의 정도를 살펴보면 공무원이 경험한 인식에 따르면 양적 참여(평균=3.132, 표준편차=0.604)가 질적 참여(평균=2.965, 표준편차=0.698)보다 상대적으로 많은 것으로 나타났다. 이러한 평균 차이를 검증하기 위하여 독립표본 t-검증을 해 본 결과 유의수준 0.05에서 통계적으로 유의하게 차이가 있었다(t=2.001, df=244, p=.046). 즉 양적인 시민참여가 0.16 정도 많음을 알 수 있다.

[표 14] 시민참여 및 영향요인에 대한 기술통계

	시민참여의 양	시민참여의 질	홈페이지 기능성	전자공간 특성	정부 대응성	행정지원 노력
평균	3.132	2.965	3.813	3.676	3.784	3.260
표준편차	0.604	0.698	0.505	0.596	0.582	0.642

이와 관련하여 실제적인 시민참여의 정도를 살펴보기 위하여 정보공개 자료를 소개하고자 한다. 이는 저자가 2005년 10월 29일에 전 부처를 대상으로 얼마나 시민들이 의견을 접수하였는지를 정보공개 요청을 통하여 수집한 자료이다. [표 15]은 자료는 2004년 한 해 동안의 시민들의 의견접수 건수를 나타낸다.

[표 15] 중앙정부기관 시민의견접수 건수(2004년)

기관명	의견접수	기관명	의견접수
통일부	275	행자부	2,235
금감위	758	중사위	248
산림청	62	청보위	109
기예처	734	기상청	193
해수부	81	해경청	49
정통부	173	관세청	55
재경부	627	병무청	184
교육부	134	국방부	81
산자부	473	식약청	640

[그림 17] 중앙정부기관 1일 시민의견접수 건수 현황(2004년)

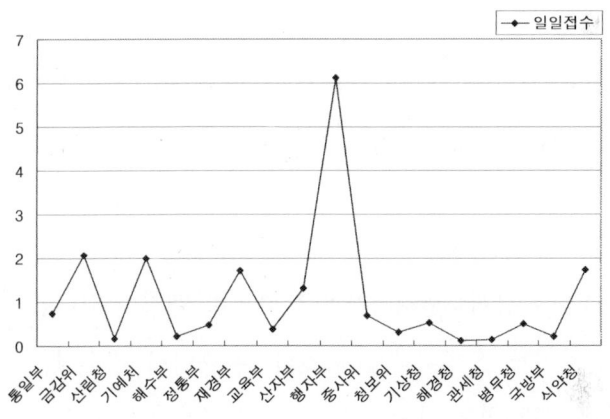

[표 15]과 [그림 17]에서 보듯이 하루에 접수되는 건수가 중위수 기준으로 0.5건이며, 평균으로는 1.08건을 갖는다. 이는 순전히 홈페이지를 통하여 접수된 시민 제안이어서 민원성 성격 혹은 부처와 상관없는 제안을 뺀다면 이보다 저조한 참여를 보일 것이다.

다음으로, 전자적 시민참여에 영향을 미치는 요인들의 정도(정부

지원활동)를 살펴보았다. [표 14]에서 보듯이 홈페이지 기능성(평균
＝3.813, 표준편차＝0.5.5)이 가장 높게 나왔다. 그리고 정부 대응
성(평균＝3.784, 표준편차＝0.582), 전자공간 특성(평균＝3.676, 표
준편차＝0.596) 및 행정지원노력(평균＝3.260, 표준편차＝0.642) 순
으로 나왔다.

이를 통하여 볼 때, 전자적 시민참여를 위한 정부 지원노력이
정보통신기술 부문을 강조하고 있음을 알 수 있다. 그리고 전자적
시민참여를 위한 행정지원, 즉 전자적 시민참여에 관한 홍보, 교육,
자료 제공 및 보상 등에 대하여 상대적으로 노력이 저조함을 보여
준다.

이러한 차이를 검증하기 위하여 분산분석(One‐way ANOVA)을
실시하였다. 결과에 따르면 요인 간의 평균이 유의수준 0.05에서
통계적으로 유의하게 차이가 있었다($F = 23.602$, $p = .000$). 이는 응
답자들이 네 요인에 대해 다른 견해를 갖고 있음을 보여준다.

구체적으로 이들 요인 간의 차이를 살펴보기 위하여 사후검정에
의한 LSD값을 살펴보았다. 결과에 따르면 행정지원노력과 다른 요
인 간의 차이가 유의미하게 나왔다. 홈페이지 기능성과 행정지원
노력 간에 0.55 정도 차이가 있으며, 전자공간 특성과 행정지원 간
에 0.41 정도 차이가 있었다. 마지막으로 정부대응성과 행정지원
간에 0.52 정도 차이가 있었다.

5. 시민참여의 양에 미치는 영향요인 분석

시민참여의 양에 미치는 영향요인을 분석하기 위하여 내생변인이

시민참여의 양인 평가모형을 검증하였다.[35] 본 모형이 완전 모형, 즉 자유도가 0이기 때문에 평가모형의 적합성을 파악하기 어렵다.[36] 그래서 표준화된 회귀계수와 검정통계량(C. R.)을 통하여 변수 간의 관계의 유의미성을 살펴보았는데 결과는 [표 16]와 같다.

첫째, '홈페이지 기능성과 시민참여의 양' 간의 영향관계가 통계적으로 유의미하지 않은 것으로 나왔다. 기존의 연구에서 홈페이지의 특성을 조정하여 직접적으로 시민들의 참여를 늘일 수 있다는 논의와는 전혀 다른 결과이다. 이는 정보통신기술이 직접적으로 시민들의 양적 참여에 영향을 주기보다는 접근의 가능성을 높여주고, 다른 요인들에 영향을 미쳐서 간접적으로 시민의 양적 참여 정도에 영향을 미치고 있음을 시사한다.

둘째, '인터넷특성과 시민참여의 양' 간의 영향관계가 통계적으로 유의미하지 않게 나왔다. 본 논의에서 소개하고 있는 설명모형이 원래 오프라인을 기반으로 하는 시민들의 사회운동 참여를 설명하였는데, 전자정부 시민참여를 설명하는 데 적용의 한계 혹은 문제점이 있음을 시사한다. 일반적으로 인터넷의 특성은 정부에 의하여 구현된다. 즉 홈페이지상에서 민원 혹은 아이디어를 올릴 때

---

35) 홈페이지 기능성, 인터넷, 정부대응, 행정지원에서 개별변수 간에 유의미한 상관관계가 있다 (Pearson r 이 0.47~0.60 사이에 존재). 그리고 정부 활동의 하위항목으로서 4개의 항목으로 이루어진 정부 활동에 대한 구성 타당성 분석결과에 의하면 적합도가 높게 나왔다 (AGFI=.965, TLI=1.004, RMSEA=.000). 이를 토대로 볼 때, 이들 간에는 지금의 항목으로 설명되는 부분 이외의 부분에서도 상관성이 존재할 수 있음을 시사한다. 이러한 것들을 근거로 평가모형의 경로도에서 오차 간의 상관관계를 설정하였다.

36) 평가모형의 적합도를 파악하기 어려운 상황에서 변수 간의 관계성의 유의미성을 그대로 신뢰하기는 어렵다. 그래서 본 평가모형의 일부 관계(잔차 간의 상관성이나, 홈페이지 기능성과 시민참여의 양)를 제거하여 적합도를 살펴봄으로써 모형 전반에 대한 적합도를 살펴보았다. 이에 따르면 적합도가 적합도의 기준에 따르고 있었다. 이러한 작업 이후에 변수 간의 관계의 유의미성을 살펴보았다.

신원 확인절차는 물론 게재된 게시글에 대한 공무원의 판단에 의하여 공론장이 통제되기 때문에 실질적으로는 공론장이 제대로 형성되기 어려우며, 이는 곧 시민의 양적 참여에 영향을 행사하지 못하게 된다. 지금까지는 게시자가 아무리 자유롭게 글을 써도 이에 대해서 게시판 담당자들이 검열하고 삭제조치할 수 있기 때문에 공론장이 형성되기 어렵다는 의미이다.[37]

셋째, 이 외의 변수 간의 관계는 통계적으로 유의미하였다. 그리고 '정부대응성과 시민참여의 양' 그리고 '행정지원과 시민참여의 양' 간에 영향관계가 있음을 확인하였다. 특히, 기존에 중요하게 다뤄지지 않았던 '행정지원'과 '환경'의 변수가 '시민의 시민참여의 양'에 많은 영향을 주고 있다는 점은 그 시사하는 바가 크다고 하겠다. 무엇보다 시민참여의 향상을 위한 상호작용 기제에 대한 고려가 필요하며, 이를 전반적으로 지원하는 환경으로서 정치적 기회, 재정적 여건 및 조직문화의 형성이 중요함을 보여준다.

지금까지의 결과를 종합하여 보면, 기존의 연구에서 전자정부 시민참여의 양적 향상을 위한 영향요인으로 고려되었던 '홈페이지의 기능성'과 '전자공간 특성'이 통계적으로 영향을 미치지 않는 것으로 나타났다. 이는 양적 시민참여를 향상시키기 위한 정부 지원사항에 대한 재검토가 필요함을 시사한다.

---

37) 이와 반대로 공무원에 의해서 통제되는 게시판이 아닌 자유게시판의 경우는 다른 게시판에 비하여 게시글 및 조회 수가 높음을 쉽게 확인힐 수 있나.

[표 16] 내생변인이 시민참여의 양 평가모형의 경로분석 결과

변수 관계	Estimate	S. E.	C. R.	Standard
환경 → 홈페이지 기능성	.316	.070	4.515	.378**
환경 → 인터넷특성	.388	.082	4.726	.393**
환경 → 정부대응성	.534	.073	7.363	.555**
환경 → 행정지원	.712	.071	9.973	.670**
환경 → 시민참여의 양	.347	.092	3.780	.348**
홈페이지 기능성 → 시민참여의 양	.041	.100	.407	.034
인터넷특성 → 시민참여의 양	-.054	.084	-.636	-.053
정부대응성 → 시민참여의 양	.231	.098	2.366	.223*
행정지원 → 시민참여의 양	.217	.094	2.306	.231*

p<0.1(*), p<0.05(**)

6. 시민참여의 질에 미치는 영향요인 분석

시민참여의 질에 미치는 영향요인을 분석하기 위하여 내생변인이 시민참여의 질인 평가모형을 검증하였다. 본 평가모형 또한 완전모형이기에 이에 대한 적합도는 따로 명시하지 않았다.[38] 그래서 표준화된 회귀계수와 검정통계량(C. R.)을 통하여 변수 간의 관계의 유의미성을 살펴보았는데, 분석결과는 [표 17]처럼 연구가설 중에서 '홈페이지 기능성과 시민참여의 질' 그리고 '정부대응성과 시민참여의 질' 등의 영향관계가 통계적으로 유의미하지 않았고, '전자공간 특성과 시민참여의 질' 간의 영향관계는 부(-)의 관계가 있는 것으로 나왔다.

---

38) 본 평가모형의 일부 관계(잔차 간의 상관성이나, 홈페이지 기능성과 시민참여의 양)를 제거하여 적합도를 살펴봄으로써 모형 전반에 대한 적합도를 살펴보았다. 이에 따르면 적합도의 기준에 따르고 있었다. 이러한 작업 이후에 변수 간 관계의 유의미성을 살펴보았다.

[표 17] 내생변인이 시민참여의 질 평가모형의 경로분석 결과

변수 관계	Estimate	S. E.	C. R.	Standard
환경 → 홈페이지 기능성	.316	.070	4.515	.378**
환경 → 인터넷특성	.388	.082	4.726	.393**
환경 → 정부대응성	.534	.073	7.363	.555**
환경 → 행정지원	.712	.071	9.973	.670**
환경 → 시민참여의 질	.229	.120	1.919	.199*
홈페이지 기능성 → 시민참여의 질	.105	.130	.805	.076
인터넷특성 → 시민참여의 질	-.249	.110	-2.270	-.212*
정부대응성 → 시민참여의 질	-.031	.127	-.244	-.026
행정지원 → 시민참여의 질	.524	.123	4.278	.482**

p<0.1(*), p<0.05(**)

첫째, '홈페이지 기능성과 시민참여의 질' 간의 영향관계는 앞서 살펴본 내생변인이 시민참여의 양인 평가모형의 분석결과처럼 홈페이지 기능성이 직접적으로 시민참여의 질에 영향을 주고 있음을 보여준다.

둘째, '정부의 대응성'과 '질적 시민참여 정도' 간의 영향관계는 통계적으로 유의미하지 않은 것으로 나타났다. 이는 '정부의 대응성'이 대체로 규정화된 상호작용[39])인 경우가 많아서 시민들의 참여를 질적으로 높이는 데 직접적으로 영향을 주지 못하고 있음을 보여준다.

셋째, '인터넷의 특성'이 '질적 시민참여 정도'에 오히려 부(-)의 영향을 주고 있음을 확인할 수 있다. 이는 앞서 양적 시민참여 정도에서 언급한 바와 같이, '인터넷의 특성'이 주로 홈페이지 운

---

39) 답변이 표준화되어 있으며, 물음에 대한 반응 이외의 다른 상호작용을 이러한 정부대응에서 기대하기 어렵다

영 규정 혹은 공무원의 판단에 따라서 결정되는데, 이런 경우 시민들의 다양한 의견이 배제되거나 훼손됨으로써 시민참여의 질을 낮출 수 있음을 의미한다.[40]

넷째, 이 외의 변수 간의 관계는 통계적으로 유의미하였다. 그리고 '행정지원과 질적 시민참여 정도' 간에 영향관계가 있음을 확인하였다. 내생변인이 질적 시민참여 정도인 평가모형의 분석결과처럼 기존에 중요하게 다뤄지지 않았던 '행정지원'과 '환경'의 변수가 '시민의 시민참여의 질'에 많은 영향을 주고 있다는 점은 그 시사하는 바가 크다고 하겠다.

지금까지의 결과를 종합하여 보면, 기존의 연구에서 전자정부 시민참여의 질적 향상을 위한 영향요인으로 고려되었던 '홈페이지의 기능성'과 '정부의 대응성' 그리고 '인터넷의 특성'이 통계적으로 영향을 미치지 않는 것으로 나타났다. 이는 질적 시민참여를 향상시키기 위한 정부 지원사항에 대한 재검토가 필요함을 시사한다.

7. 종합 및 정책적 제언

전자적 시민참여를 위한 정부 지원활동을 재발견('전자적 측면', '참여적 측면')하고, 이들과 전자적 시민참여의 결과에 해당하는 시민참여의 양적·질적 정도와 이들 간의 영향관계를 경로분석을

---

40) 실제로 금융감독위원회의 경우 선발된 시민들로부터 의미 있는 의견이나 제안을 많이 수집할 뿐만 아니라 활용이 많았는데, 이 경우 인터넷의 활용은 부가적이며, 오프라인에서 활동 또한 활발하게 이루어지고 있었다. 인터넷의 한계점을 극복하는 기제가 있었음을 알 수 있다.

이용하여 살펴보았다. 이에 대한 분석의 결과는 다음과 같다.

첫째, 전자적 시민참여의 정도를 양적인 것과 질적인 것으로 구분할 때, 양적인 참여가 질적인 참여보다 상대적으로 많음을 알 수 있다. 하지만 실제적인 참여 수를 확인해 볼 때, 그 수는 저조한 실정임을 알 수 있다. 이처럼 전자적 시민참여 정도는 저조하며, 양적 측면이 강조된 제한된 참여가 이루어지고 있음을 알 수 있다. 따라서 양적·질적 참여를 모두 높이고, 특히 질적 참여를 향상시킬 수 있는 방안을 모색하여야 할 것이다.

둘째, 전자적 시민참여를 위한 정부 지원활동이 이전에 언급되었던 '홈페이지의 기능성' 그리고 '정부의 대응성' 이외에 '인터넷의 특성' 그리고 '행정지원의 노력' 등으로 다양함을 확인하였다. 이는 기존 연구에서 전자적 시민참여를 위한 정부 지원활동이 정보통신기술의 구성과 운영에 해당하는 '전자적 측면'에 초점을 맞춘 것과 다르게 시민들의 참여를 유도하는 기재 혹은 여건에 해당하는 '참여적 측면'의 새로운 발견이라는 점에서 의의가 있으며, 이를 통하여 전자적 시민참여 활성화를 위한 정부 지원활동이 보다 다양하게, 보다 명확하게 될 수 있는 계기가 된다고 판단된다. 물론 이러한 새로운 발견은 이와 관련된 업무를 맡고 있는 실무자들과의 인터뷰는 물론 설문자료를 이용한 구성 타당성 검증을 통하여 확인하였다.

셋째, 전자적 시민참여를 위한 정부 지원활동의 개별적 요소들과 전자적 시민참여의 양적·질적 정도 간에는 통계적 유의미성은 물론 상대적 중요도가 다름을 확인하였다. 먼저, '환경', '정부의 대응성' 및 '행정지원의 노력'이 '시민참여의 양'과 통계적으로 정(+)의 영향관계를 보여주었다. 이는 기존의 연구에서 환경적 요인이 정부 지원활동의 결과에 영향을 미친다는 논의와 일치하고 있다.

반면에 '홈페이지의 기능성'과 '인터넷의 특성'은 시민들의 시민참여의 양에 영향력을 행사하지 않는 것으로서 나왔는데, 이는 기존의 연구는 물론 전자적 시민참여의 설명모형과 다른 측면이다. 다만 이 둘은 '시민참여의 양'에 간접적으로 영향을 주고 있는 것으로 확인되었다. 이러한 결과는 정부의 홈페이지에서 시민참여를 위한 메뉴(게시판)의 기능성은 물론 인터넷의 특성이 대동 소위하기 때문에 이의 영향력이 크게 미치지 않은 것으로 정부담당자들이 인식하는 것으로 설명될 수 있다.

'환경'과 '행정지원의 노력'은 시민참여의 양에서와 같이 시민참여의 질에서도 동일하게 영향력을 행사하고 있으며, 이는 기존의 연구와 일치되는 측면이다. 그리고 인터넷이 공론장 역할을 할 수 있는 여건이 제대로 갖춰질 경우 오히려 질적 참여가 저조할 수 있다는 분석결과가 나왔는데, 이는 전자적 시민참여 설명모형으로서 공론장모형이 면대면(face to face) 만남에서 이루어지는 것과 다른 특성을 갖는 인터넷의 다른 측면이 존재하기 때문인 것으로 판단된다. 뿐만 아니라 정부의 홈페이지에서 참여메뉴는 다양한 시민들 간의 의견교환이 가능하기보다는 Q&A(묻고, 질문하기) 형식으로 기능하고 있는 상황이어서 현실적으로 앞서 소개한 공론장의 여건이 형성되기 어렵다.

이러한 공론장 여건이 제대로 이뤄지지 않은 상황에서 잦은 민원성 게시글을 계속적으로 혹은 특정 집단구성원에 의하여 의도적으로 게시글이 올라갈 때에는 시민참여 내용 측면에서 그렇게 질

적으로 좋은 정보가 없다는 것이다. 그리고 이러한 모습은 정부실
무자들과의 인터뷰뿐만 아니라 몇 개의 부처에서 운영하는 참여메
뉴에서 쉽게 발견할 수 있다.

제3장 정부는 어떻게 활용하는가?

1. 평가모형 및 조사방법

1) 평가모형

앞서 소개된 [그림 8] '과정평가모형_최종 종속변수 행정민주성'에서 전자적 시민참여결과 활용에 관련된 부분을 중심으로 평가모형을 구성하였다. 평가모형의 외생변수는 시민참여결과에 대한 활용을 설명하는 이론, 즉 합리모형(rational model), 관료이익모형(bureaucratic interest model) 그리고 두 공동체모형(two communities model)을 토대로 개발되었다. 즉 외생변수로서 합리모형에 따른 시민참여결과의 질과 시민참여결과의 양, 관료이익모형에 따른 관료이익 그리고 두 공동체모형에 따른 연결메커니즘으로 구성하였다.[41) 그리고 시민참여결과의 활용을 종속변수로 두었다.[42)

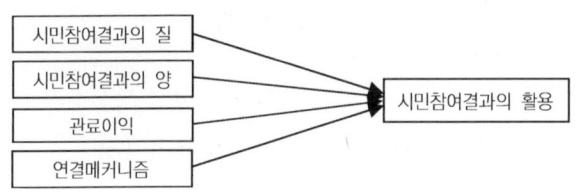

[그림 18] 전자적 시민참여결과 활용 평가모형

---

41) 1~4요인은 각각 전자적 시민참여결과 활용의 설명모형 중에서 합리모형(시민참여결과의 질 요인, 시민참여결과의 양 요인), 관료이익모형(관료이익요인), 두 공동체모형(연결메커니즘 요인)에서 나온 것이다.

42) 자세한 내용의 설명은 다음 장 조사방법의 변수와 측정방법에서 구체적으로 소개하였다.

2) 조사방법

중앙행정기관 중에서 부단위의 18개 전 기관에서 전자적 시민참여 지원활동을 비교적 활발하게 수행하는 부서 담당자들을 대상으로 조사하였다. 조사대상자의 선정은 비확률 표집방법 중 유의적 표집방법(purposive sampling)을 사용하여, 총 130명의 부서 담당자들이 조사에 참여하였다. 조사방법은 부처 홈페이지의 평가 결과 메뉴를 방문하여 비교적 활발하게 운영된다고 판단되는 부서를 확인하고, 해당 담당자들에게 e-mail과 전화를 통하여 사전에 협조를 얻었다. 그리고 연구자가 직접 방문하여 조사내용 및 방법에 대해 설명하고 실무자들이 설문지를 작성한 후 회수하는 인터뷰를 포함한 설문조사 방식으로 이루어졌다. 자료 수집은 2006년 4월 24일부터 5월 3일까지 실시되었으며, 실제로 회수된 설문지는 130부였으나, 응답이 부실한 설문지를 제외하고 총 122부가 최종분석에 사용되었다. 분석에서 제외된 8부는 전체 조사대상자 중 상대적으로 낮은 비율이며, 초기분석과정에서 이를 제외한 것이 통계적으로 전혀 영향을 미치고 있지 않다고 판단되어 이들 8부를 최종분석에서 제외하였다.

기존 연구들을 토대로 [표 18]과 같이 변수들을 구성하였다. 독립변수는 [그림 18]에서 보듯이 전자적 시민참여결과 활용의 4가지 변수로 구성된다. 즉 1) 시민참여결과의 질 변수, 2) 시민참여결과의 양 변수, 3) 관료이익변수, 4) 연결메커니즘변수 등이다. 그리고 종속변수는 평가 결과 활용의 유형에 따른 독립변수들의 영향의 정도를 파악하기 위하여 다양하게 구성하였다.

전반적인 활용 정도를 파악하기 위하여 하위항목으로 도구적 활용 정도, 개념적 활용 정도 및 설득적 활용 정도로 구성된 활용 정도와 앞서 보여준 하위항목들을 하나의 종속변수로 두고서 영향관계를 살펴보고자 한다. 마지막으로 인구·사회변수를 구성하였다. 아래에서 변수에 따른 문항(수)과 측정방법을 자세히 소개하고 있다.

[표 18] 변수 및 측정 방법

구 분	변수명	문항(수)	측정 방법
독립변수	시민참여결과 질	Q1, Q2(2)	Likert's 5점 척도 평균값
	시민참여결과 양	Q3, Q4, Q5(3)	Likert's 5점 척도 평균값
	관료이익	Q6, Q7(2)	Likert's 5점 척도 평균값
	연결메커니즘	Q8, Q9, Q10(3)	Likert's 5점 척도 평균값
종속변수	활용	D1, D2, D3(3)	Likert's 5점 척도 평균값
	도구적 활용	D1(1)	Likert's 5점 척도
	개념적 활용	D2(1)	Likert's 5점 척도
	설득적 활용	D3(1)	Likert's 5점 척도
인구·사회변수	성별	Q11(1)	명목척도
	나이	Q12(1)	서열척도
	직급	Q13(1)	서열척도
	소속	Q14(1)	명목척도
	근무연한	Q15(1)	서열척도
	학력	Q16(1)	서열척도

첫째, 정보와 관련된 변수는 시민참여결과 질의 변수와 시민참여결과 양의 변수가 있다. 먼저, 시민참여결과 질의 변수를 측정하기 위하여 Peters(1996) 및 김상묵 외(2004)의 정책내용의 개선과 정정길(1998)의 정책과정의 개선을 문항으로 포함시켰다. 다음으로, 시민참여결과 양의 변수는 법제처[43]의 기관 관련 처리대상 제안의

43) 중앙행정기관을 대상으로 홈페이지의 평가 결과메뉴를 통한 총 의견 수, 제안 성격의 수,

수, 시민 제안 및 정부답변에 대한 댓글의 수 그리고 OECD(2003)의 시민제안 및 정부답변에 대한 조회 수를 문항으로 포함시켰다.

둘째, 관료이익 변수를 측정하기 위하여 정보통신부(1997)의 업무처리 절차개선과 조직문화개선을 문항에 포함시켰다.

셋째, 연결메커니즘 변수를 측정하기 위하여 오철호(1998)의 시민참여를 중요하게 여기는 조직문화, Guattari & Deleuze(1980)와 민경배(2002)의 시민 - 공무원 간 의사소통의 용이성과 민경배(2002)와 임희섭(1999)의 시민들의 인원동원과 이들과 함께하여 정치적 기회 획득이 용이한지를 문항에 포함시켰다.

넷째, 시민참여결과 활용을 측정하기 위하여 Rich(1977)의 도구적 활용과 개념적 활용, 그리고 Leviton & Hughes(1981)의 설득적 활용을 문항에 포함시켰다.[44] 그리고 도구적 활용, 개념적 활용 및 설득적 활용 등의 하위항목들 종속변수로 각각 사용하였다.

다섯째, 조사대상자들의 인구·사회 통계적 특성을 측정하기 위하여 성별, 나이, 직급, 소속, 근무연한, 학력을 포함시켰다.

활용 수 등에 대한 정보공개요청을 하였다(2005년 10월 27일부터 11월 11일 기간). 일반적으로 많은 의견 수가 있다고 하더라도 거의가 민원성 혹은 자신의 개인적 감정에 따른 민원성 글이 다수를 이루고 있다는 것이다. 즉 제안이라고 하기에는 어려운 사항들이 주로 게시판에 올라온다는 것이다. 따라서 실질적인 제안현황을 파악하려면 이러한 기관 관련 처리대상 평가 결과의 수를 파악하여야 한다.

44) 도구적 활용은 정책결정자가 의사결정 및 문제해결 과정을 위한 지식을 구체적으로 활용하는 것을 의미한다. 그리고 개념적 활용은 정책결정자가 정보를 문제에 관한 생각에 영향을 미치도록 하면서도 구체적으로 활용하지 않는 것을 의미한다(Rich, 1977; 이윤식, 2002 재인용). 마지막으로, 설득적 활용은 정보를 자신들의 입장에 대한 정당성을 획득하여 지지자들을 확보하고자 하는 것을 의미한다(Johnson, 1998; 이윤식, 2002 재인용).
평가 결과 활용의 유형으로 도구적 활용, 개념적 활용 그리고 설득적 활용 이외에도 개념적 활용, 상징적 활용 그리고 과정적 활용 등 다양하다. 하지만 종속변수에 포함시키지 않은 유형들은 상당히 추상적이고, 앞서 소개한 활용유형과 다르게 쉽게 구분하기 어려운 측면이 있다고 판단하여 쉽게 의미를 파악할 수 있고, 실제적 활용이 많다고 판단하여 사용하게 되었다 측정방법과 관련하여 독립변수와 종속변수는 개별 문항들에 대한 응답은 '매우 긍정(5점)'에서 '매우 부정(1점)'에 이르는 5점 척도로 응답하며, 평균값으로 변수를 측정하였다. 그리고 인구·사회변수는 명목, 서열척도로 응답할 수 있도록 하였다.

연구를 위하여 다양한 분석방법이 사용되었는데, 우선 측정도구의 내적 일치도를 검증하기 위해 Cronbach's alpha를 사용한 신뢰도 분석을 실시하였다. 그리고 조사 대상자들과 시민참여결과 활용의 일반적 특성을 파악하기 위해 기술적 통계, t – 검정, 분산분석 그리고 요인분석을 사용하였다. 마지막으로, 다중회귀분석(multiple regression analysis)을 사용하여 인구·사회변수들을 통제하고서, 활용유형별 전체적인 회귀모형의 검증과 비교를 실시하였으며, 독립변수들이 종속변수에 미치는 영향과 그들의 상대적 영향력의 정도는 고찰하였다.

2. 평가항목의 신뢰도 및 요인분석

측정도구의 신뢰도를 Cronbach's alpha를 사용한 신뢰도 분석을 실시하였다. 분석의 결과는 아래 [표 19]와 같으며, 측정도구의 신뢰도가 높은 수준임을 확인하였다. 따라서 이 책에서 사용되는 문항들이 변수들을 측정하는 데 크게 무리가 없다고 할 수 있다.

[표 19] 신뢰도 분석 및 요인분석 적용 가능성 확인

변수명	신뢰도	문항 상관성[45]	KMO	Bartlett의 검정		
				0.8487	자유도	p
시민참여 결과 질	0.7719	만족	0.500	93.678	1	0.000
시민참여 결과 양	0.7976	만족	0.649	108.635	3	0.000
관료이익	0.6797	만족	0.595	69.329	1	0.000
연결메커니즘	0.7504	만족	0.651	57.967	3	0.000
활용	활용	만족	0.623	103.478	3	0.000

측정도구에 대한 탐색적 요인분석을 통하여 하나의 요인으로 묶이는지 확인하고, 부적절한 항목의 제거 여부를 결정하였다. 먼저, 탐색적 요인분석이 가능한지 살펴보았다. 다음으로 탐색적 요인분석을 통하여 아래와 같은 결과를 도출하였다. [표 19]에서 자세히 소개하고 있다.

첫째, 요인분석이 적용 가능한지에 대한 분석의 결과는 시민참여결과 질과 관료이익을 제외하고는 요인분석을 위한 모든 조건들을 어느 정도 만족한다고 할 수 있다. 시민참여결과 질과 관료이익의 경우, KMO(Kaiser - Meyer - Olkin)가 0.500으로 표본이 부적절한 것으로 나오는데,[46] 이는 문항이 2개로 구성되어 나온 결과이다. 하지만 다른 조건들은 만족하고 있어서 시민참여결과 질과 관료이익 항목에 대한 요인분석이 가능하다고 할 수 있다.

둘째, 최종 포함될 문항의 선정과 요인의 수 그리고 어떻게 요인이 묶이는지를 확인할 수 있는 탐색적 요인분석의 결과는 다음

---

45) 상관행렬 절반 이상의 상관이 ±0.30 초과하는지 여부를 확인한다.

46) KMO의 값이 0.90 이상이면 매우 좋고, 0.80 이상이면 양호하며, 0.60 - 0.70 정도이면 보통이고, 0.50 이하이면 부적절하다고 본다(양병화, 1998: 286).

과 같다. 요인의 수를 결정하기 위하여 참조하는 고윳값 1 이상인 것이 개별 변수마다 1개씩 이었다. 즉 모든 변수의 요인의 수가 1개임을 확인하였다. 그리고 주축요인추출에 따라서 나온 초기 공통성(communality)과 추출 후 공통성이 거의 모두 0.30을 넘는다. 이는 곧 1개의 요인으로 개별 하위문항에 대한 설명이 잘되는 것을 의미한다. 뿐만 아니라 요인부하량의 경우 0.4를 모두 넘고 있어서 거의 모든 항목들을 포함시켜도 크게 문제가 되지 않는 것으로 판단된다.[47)]

3. 조사대상자의 일반적 특성

조사대상자들의 일반적 특성은 [표 20]과 같이 성비(sex ratio)는 남성이 65.6%(80명)이고, 여성이 34.4%(42명)로 구성되어 있고, 연령 비율은 20대가 8.2%(10명)이고, 30대가 64.7%(79명)이며, 40대가 25.4%(31명) 그리고 50대가 1.6%(2명)씩 차지하고 있다. 직급은 4급이 3.3%(4명), 5급이 18.9%(23명), 6급이 35.2%(43명), 7급이 28.7%(35명), 8급이 4.1%(5명) 그리고 9급이 9.8%(12명)을 차지하였다. 소속은 재경부, 농림부 및 환경부가 8.2%(10명), 노동부 7.4%(9명), 법무부, 산자부 및 보건복지부 6.6%(8명), 과기부, 교육부 및 행자부 4.9%(6명), 통일부, 외통부, 여성부 및 해양부 4.1%(5명) 그리고 국방부 3.3%(4명)으로 구성되었다. 근무연한은 5년 미만이 27.9%(34명)이고, 5년 이상~20년 미만이 56.6%(69명)로서

---

47) 자세한 사항은 부록_4를 참조 바란다.

대다수를 차지하였고, 20년 이상~35년 미만은 15.6%(19명)였다. 마지막으로, 학력은 고졸이 4.1%(5명), 대졸이 81.1%(99명)이고, 석사졸업이 12.3%(15명), 박사졸업이 2.5%(3명)를 차지하였다.

[표 20] 조사대상자의 일반적 특성

변수명	변수 값	빈 도	백분율(%)	변수명	변수 값	빈 도	백분율(%)
성별	남	80	65.6		5년 미만	34	27.9
	여	42	34.4		5년 - 10년 미만	23	18.9
나이	25세 - 30세 미만	10	8.2	근무 연한	10년 - 15년 미만	31	25.4
	30세 - 35세 미만	37	30.3		15년 - 20년 미만	15	12.3
	35세 - 40세 미만	42	34.4		20년 - 25년 미만	9	7.4
	40세 - 45세 미만	15	12.3		25년 - 30년 미만	9	7.4
	45세 - 50세 미만	16	13.1		30년 - 35년 미만	1	.8
	50세 - 55세 미만	2	1.6	학력	고졸	5	4.1
직급	4급	4	3.3		대졸	99	81.1
	5급	23	18.9		석사졸	15	12.3
	6급	43	35.2		박사졸	3	2.5
	7급	35	28.7	유효	122명		
	8급	5	4.1	결측	0명		
	9급	12	9.8				

4. 정부 활용 및 영향요인의 정도

전자적 시민참여결과 활용의 정도와 이에 영향을 미치는 요인의 정도를 살펴보기 위하여 [표 21]처럼 개별 항목에 대한 평균과 표준편차를 살펴보고, [표 21]처럼 4개의 요인으로 분류하여 그 각각의 평균과 표준편차를 살펴보았다.

정부 활용의 정도를 확인하기 위하여 종속변수의 평균값을 확인하였다. 확인 결과 개념적 활용(평균=3.17, 표준편차=0.80), 설득적 활용(평균=3.07, 표준편차=0.79) 및 도구적 활용(평균=3.02, 표준편차=0.74) 순으로 높게 나왔다. 이는 전자적 시민참여결과에 대하여 공무원들이 시민들의 제안에 대하여 인식하는 '개념적 활용'이 가장 많음을 나타낸다. 이에 반해 시민참여결과를 실제적인 정부 업무에 활용하는 '도구적 활용'은 상대적으로 저조한 것으로 드러났다.

[표 21] 각 문항들에 대한 기술통계

변 수	시민참여 결과 질		시민참여 결과 양			관료이익		연결메커니즘			도구 활용	개념 활용	설득 활용
문항	Q1	Q2	Q3	Q4	Q5	Q6	Q7	Q8	Q9	Q10	Q11	Q12	Q13
평균	3.08	3.03	3.15	3.13	3.12	3.42	3.20	3.25	3.57	3.65	3.02	3.17	3.07
표준편차	0.79	0.79	0.76	0.76	0.76	0.85	0.87	0.83	0.83	0.81	0.74	0.80	0.79

*F1~F4는 독립변수를 나타내고, D1~D3은 종속변수를 나타낸다.

이와 관련하여 중앙정부 기관이 실제적인 시민참여 이후 어느 정도 활용되는지를 살펴보기 위하여 정보공개 자료를 소개하고자 한다. 이는 저자가 2005년 10월 29일에 전 부처를 대상으로 정보공개 요청을 통하여 수집한 자료이다. [표 22]는 2004년 한 해 동안의 시민의견접수, 검토대상건수 및 실제 개선 반영건수를 나타낸다.

여기서 제안분류를 실제적인 시민참여의 정도라 볼 수 있고, 검토대상은 개념적으로 혹은 도구적으로 활용될 수 있는 시민제안이라 할 수 있다. 마지막의 개선반영은 도구적으로 활용된 것을 의미한다. 일부 기관의 해당하는 항목에 대한 자료가 없는 것은 이러한 시민참여 이후의 활용을 위한 체계적인 관리가 되지 않고 있음을 보여주는 것이다.

[표 22] 중앙정부기관 시민의견접수와 활용 현황(2004년)

기관명	의견접수	제안분류	검토대상	개선반영
해경청	49			
관세청	55	35	5	5
산림청	62	0	0	0
해수부	81	11	11	11
국방부	81	20	7	5
청보위	109	12	4	4
교육부	134	48	10	6
정통부	173			
병무청	184	62	62	12
기상청	193	16	16	15
중사위	248			
통일부	275	16	16	16
산자부	473	0	0	0
재경부	627			
식약청	640	0	0	0
기예처	734	0	0	0
금감위	758	172	172	172
행자부	2,235			

[표 22]에서 보면 금강위를 제외하고는 1년 동안에 시민들의 제안이 활용되는 것은 거의 없다고 할 수 있다. 금강위는 다른 기관과 달리 면대면 만남과 질 좋은 제안 마련을 위하여 교육과 정보제공 등의 노력을 하여 172건의 개선 조치라는 성과를 보여주었다. 이는 정보시스템만을 강조하는 다른 기관과 다른 측면을 보여주고 있다.

다음으로, [표 21]에서 보듯이 정부 활용에 영향을 미치는 독립변수에 해당하는 시민참여결과의 질, 시민참여결과의 양, 관료이익, 연결메커니즘의 하위 항목들 Q1~Q10까지의 평균값은 3.26으로 보통보다 약간 높은 긍정의 대답을 보여주고 있다. 이는 개별 문항에 대하여 보통 이상의 응답이 많음을 보여준다. 앞서 평가모형에서 구분한 개별 영향요인들 하위 항목에 대한 평균과 표준편차를 통하여 그 정도를 아래와 같이 살펴보았다.

시민참여결과의 질 요인에서 정책내용의 개선에 관한 내용(평균=3.08, 표준편차=0.79)이 정책과정의 개선에 관한 내용 (평균=3.03, 표준편차=0.79)보다 약간 높은 것으로 확인되었다. 즉 시민 제안은 정책내용에 해당하는 것이 정책과정에 대한 것보다 다소 많은 것으로 나타났다.

시민참여결과의 양 요인에서 기관의 처리대상 제안의 수(평균=3.15), 시민참여결과의 조회 수(평균=3.13) 및 시민참여결과에 대한 댓글 수(평균=3.12) 순으로 높게 나왔다. 하위 항목에 있어서 평균값이 거의 유사하지만 시민참여결과의 양과 관련하여 기관에서 처리해야 할 제안의 수가 다소 많은 것으로 나타났다.

관료이익 요인에 있어서 업무처리 절차개선(평균=3.42, 표준편차=0.85)이 조직문화개선(평균=3.20, 표준편차=0.87)보다 높게 나왔다. 즉 시민참여의 업무를 정보통신기술을 활용함으로써 업무처리 절차가 개선된 이익이 높음을 시사하며, 이에 비하여 조직문화 개선은 상대적으로 저조한 것으로 나타났다.

연결메커니즘 요인에 있어서 인원동원과 정치적 기회획득의 용이성(평균=3.65, 표준편차=0.81), 시민-공무원 간 의사소통의 용이성(평균=3.57, 표준편차=0.83) 및 시민참여를 중요하게 여기는 조직문화(평균=3.25, 표준편차=0.83)의 순서로 높게 나왔다.

마지막으로, [표 23]처럼 4가지 요인들에 관한 평균값과 표준편차를 살펴보았다. 분석 결과에 따르면 연결메커니즘(평균 = 3.49, 표준편차 = 0.64), 관료이익(평균 = 3.31, 표준편차 = 0.79), 시민참여 결과의 양(평균 = 3.13, 표준편차 = 0.63) 및 시민참여결과의 질(평균 = 3.06, 표준편차 = 0.74)의 순서로 높게 나왔다. 이는 현재의 전자적 시민참여를 위한 지원활동이 정부 차원에서 활발한 움직임이 있지만 실제적인 시민 참여는 저조함을 간접적으로 보여준다.

이 4가지 요인들의 평균들이 차이를 보이는지를 검정하기 위해 분산분석(One - way ANOVA)을 한 결과, 요인 간의 평균이 유의수준 0.05에서 통계적으로 유의하게 차이가 있었다(F = 5.123, p = .043). 이는 응답자들이 네 요인에 대해 다른 견해를 갖고 있음을 보여준다.

[표 23] 요인(Factor)에 대한 기술통계

	시민참여 결과 질 (Q1, Q2)	시민참여 결과 양 (Q3, Q4, Q5)	관료이익 (Q6, Q7)	연결메커니즘 (Q8, Q9, Q10)
평균	3.06	3.13	3.31	3.49
표준편차	0.74	0.63	0.79	0.64

5. 정부 활용 영향요인의 집단 간 특성 비교

인구·사회 변수에 따라 요인들의 평균에 있어서 통계적으로 유의한 차이가 있는지 검증하기 위하여 t - 검정 및 분산분석을 실시하였다. 집단의 수가 두 개(성별)인 경우는 t - 검정을 실시하고, 세 개(나이, 직급, 근무연한, 학력) 이상인 경우는 분산분석을 이용하였다.

[표 24]은 조사대상자의 인구·사회변수와 영향요인 평균 간의 t
-검정 및 분산분석의 결과이며, 이는 다른 변수들이 통제되지 않
은 상태에서 인구·사회 변수가 척도의 네 요인들과 전체 평균(문
항1에서 10까지의 전체 문항)의 평균 차이가 통계적으로 유의미한
지를 보여주는 것이다.

[표 24] 인구·사회 변수와 영향요인 평균 간의 t-검정과 분산분석

변수명	LEVEL	시민참여 결과 질	시민참여 결과 양	관료이익	연결메커니즘	전체 평균
성별	남자	3.01	3.15	3.34	3.52	3.27
	여자	3.15	3.10	3.25	3.44	3.24
		t=-1.059 p=.292	t=.536 p=.593	t=.625 p=.533	t=.653 p=.515	t=.321 p=.749
나이	25-30세 미만	3.05	3.17	3.40	3.67	3.34
	30-35세 미만	2.85	3.11	3.11	3.35	3.13
	35-40세 미만	3.14	3.04	3.24	3.44	3.22
	40-45세 미만	2.87	2.93	3.53	3.67	3.26
	45-50세 미만	3.38	3.54	3.66	3.67	3.57
	50-55세 미만	4.00	3.67	3.75	3.33	3.65
		F=2.257 p=.053	F=2.263 p=.053	F=1.615 p=.161	F=1.030 p=.403	F=2.156 p=.064
직급	4급	3.00	3.17	3.63	4.17	3.53
	5급	3.04	3.30	3.46	3.77	3.42
	6급	3.23	3.12	3.51	3.51	3.34
	7급	2.81	3.02	2.99	3.24	3.04
	8급	3.60	3.40	3.70	3.47	3.52
	9급	2.96	3.08	3.00	3.39	3.13
		F=1.912 p=.097	F=.770 p=.573	F=2.875 p=.017*	F=3.147 p=.011*	F=2.930 p=.016*

변수명	LEVEL	시민참여 결과 질	시민참여 결과 양	관료이익	연결메커니즘	전체 평균
근무 연한	5년 미만	2.79	3.02	3.16	3.36	3.11
	5 - 10년 미만	2.98	3.06	2.93	3.43	3.13
	10 - 15년 미만	3.15	3.02	3.40	3.53	3.27
	15 - 20년 미만	3.37	3.11	3.50	3.27	3.29
	20 - 25년 미만	2.83	3.44	3.44	3.81	3.43
	25 - 30년 미만	3.56	3.78	4.06	4.07	3.88
	30 - 35년 미만	4.00	4.00	3.50	3.00	3.60
		F=2.567 p=.023*	F=2.930 p=.011*	F=2.963 p=.010*	F=2.450 p=.029*	F=3.803 p=.002**
학력	고졸	2.80	3.00	3.20	3.67	3.20
	대졸	3.06	3.14	3.31	3.46	3.25
	석사졸	3.17	3.18	3.23	3.53	3.29
	박사졸	2.83	2.89	4.00	4.00	3.43
		F=.401 p=.753	F=.252 p=.859	F=.849 p=.470	F=.856 p=.466	F=.168 p=.198

**p<.01, *p<.05

우선, 성별의 차이가 척도의 요인들과 전체 평균의 차이를 살펴보면, 통계적으로 유의미하지 않은 차이를 지니고 있음을 확인할 수 있다. 나이에 따른 평균 차이를 살펴보면 마찬가지로 통계적으로 유의미한 차이가 없음을 확인할 수 있다. 또한 학력에 있어서도 유사한 결과를 보여준다.

하지만 직급에 따른 척도의 네 요인들과 전체 평균의 차이를 통계적으로 살펴보면, 관료이익요인(F=2.875, p=.017), 연결메커니즘요인(F=3.147, p=.011) 그리고 전체 평균(F=2.930, p=.016)에 있어서 유의미한 차이가 있음을 볼 수 있다. 직급이 높은 경우가 낮은 경우보다 관료이익요인과 연결메커니즘 그리고 전체 평균에 대한 점수가 높은 경향이 있음을 확인할 수 있다.

근무연한에 따른 척도의 네 요인과 전체 평균의 평균 차이는 통계적으로 모두 유의미한 차이가 있음을 보여준다. 대체로 근무연한이 길수록 네 요인과 전체 평균에 대한 점수가 높다는 것을 확인할 수 있다.

6. 정부 활용 영향요인의 중요도 비교

전자적 시민참여결과 활용에 관한 4가지 회귀모형들을 검증하고, 이들 회귀모형에서 독립변수가 종속변수에 미치는 영향을 살펴보기 위하여 다중회귀분석(multiple regression analysis)을 사용하였다.

[표 25] 다중회귀분석 결과

독립변수	모형1 종속변수 (활용 정도)		모형2 종속변수 (도구적 활용)		모형3 종속변수 (개념적 활용)		모형4 종속변수 (설득적 활용)	
	B	β	B	β	B	β	B	β
시민참여 결과 질	.297	.344**	.353	.352**	.314	289**	.224	.208
시민참여 결과 양	.004	.084	.002	.044	.009	.054	.133	.105
관료이익	.137	.170*	.182	.194*	.226	.222*	.000	.003
연결 메커니즘	.296	.299**	.229	.200*	.371	.298**	.287	.232*
Constant	.427		.370		.049		.959	
F	23.059**		16.362**		20.149**		6.144**	
R^2	.441		.359		.408		.174	
Adj. R^2	.422		.337		.388		.145	

** $p < .01$, * $p < .05$

[표 25]은 다중회귀분석의 결과를 나타낸다. 먼저, 모형1은 종속변수가 활용 정도일 경우(하위 항목으로 도구적 활용, 개념적 활용 및 설득적 활용을 포함) 다른 독립변수들의 상대적 중요도를 파악할 수 있는 모형이다. 분석 결과에 따르면 모형1에서 시민참여결과의 질($t = 3.912$, $p = .000$), 관료이익($t = 2.029$, $p = .045$) 그리고 연결메커니즘($t = 3.810$, $p = .000$)이 종속변수를 예측하는 데 유의한 독립변수로 밝혀졌다.

모형1에서 보듯이 정부 활용에 가장 큰 영향을 미치는 것은 시민참여결과의 질($\beta = 0.344$)인 것으로 나타났다. 그 다음으로 연결메커니즘($\beta = 0.299$)이 잘되었느냐가 중요한 사항임을 볼 수 있다. 마지막으로 관료에게 이익이 되느냐($\beta = 0.170$)가 중요함을 보여준다. 이는 앞서 이론적 고찰에서 소개하는 설명모형들이 상당 부분 설득력이 있음을 보여준다.

다만 합리모형에서 시민들의 제안이 합리적으로 이루어질 것이라고 전제하여 도출된 시민참여결과의 양이라는 독립변수는 현실을 설명하는 데 제한이 있음을 보여준다. 이는 시민들의 제안이 합리모형에 따라 이루어지지 않는 것은 물론이고 활용에 있어서 시민참여결과의 질적(내용) 측면이 지대하게 영향을 미침을 보여준다.

다음으로, 모형2는 종속변수가 도구적 활용일 경우 다른 독립변수들의 상대적 중요도를 파악할 수 있는 모형이다. 모형2에서 시민참여결과의 질($t = 3.737$, $p = .000$), 관료이익($t = 2.161$, $p = .033$) 그리고 연결메커니즘($t = 2.376$, $p = .019$)이 종속변수를 예측하는 데 유의한 독립변수로 밝혀졌다.

모형2에서 통계적으로 유이한 독립변수의 싱내적 중요도는 시민참여결과 질이 β = 0.352이고, 관료이익이 β = 0.194이며, 연결메커니즘이 β = 0.200으로 나왔다. 이러한 결과는 상대적 중요도의 정도가 다를 뿐이지 앞서 살펴본 모형1의 결과와 유사하다. 따라서 종속변수가 도구적 활용일 경우에도 평가 결과 활용 설명모형(합리모형, 관료이익모형 그리고 두 공동체모형)이 설득력이 있음을 보여준다.

다음으로, 모형3은 종속변수가 개념적 활용일 경우 다른 독립변수들의 상대적 중요도를 파악할 수 있는 모형이다. 모형3에서 시민참여결과의 질(t = 3.194, p = .002), 관료이익(t = 2.582, p = .011) 그리고 연결메커니즘(t = 3.691, p = .000)이 종속변수를 예측하는 데 유의한 독립변수로 밝혀졌다.

모형3에서 통계적으로 유의한 독립변수의 상대적 중요도는 시민참여결과 질이 β = 0.289이고, 관료이익이 β = 0.011이며, 연결메커니즘이 β = 0.298로 나왔다. 이러한 결과는 앞서 살펴본 모형1과 모형2와 같이 영향을 주는 독립변수는 갖지만 상대적 중요도의 순을 보면 연결메커니즘, 시민참여결과의 질 그리고 관료이익 순으로 다르게 나왔다. 즉 평가 결과의 개념적 활용을 함에 있어서 조직문화, 시민 – 공무원 간 의사소통의 용이성 그리고 인원동원과 정치적 기회획득의 용이성 등이 중요하게 영향을 줄 수 있음을 보여준다.

마지막으로, 모형4는 종속변수가 설득적 활용일 경우 다른 독립변수들의 상대적 중요도를 파악할 수 있는 모형이다. 모형4에서 연결메커니즘(t = 2.430, p = .017)이 종속변수를 예측하는 데 유의한 독립변수로 밝혀졌다.

모형4에서 통계적으로 유의한 독립변수의 상대적 중요도는 연결메커니즘이 $\beta = 0.232$로 나왔다. 이러한 결과는 앞서 보여준 모형1, 모형2, 모형3과 달리 평가 결과 활용 설명모형 중에서 두 공동체 모형이 설득력이 있음을 보여준다.

7. 종합 및 정책적 제언

전자적 시민참여결과 활용에 영향을 미치는 독립변수에 대한 응답이 전체적으로 보통보다 약간 높은 긍정의 대답을 보여주었다. 그리고 종속변수에 대한 응답이 개념적 활용, 설득적 활용 및 도구적 활용 순으로 높게 나왔다.

여기서 도구적 활용의 점수가 저조한 것은 전자적 시민참여결과 가 정부 정책이나 사업 결정에 미미하게 작용하고 있음을 시사한 다. 그리고 전자적 시민참여 지원활동의 주요한 목표 중에서 행정의 민주성 부분에서 저조한 성과가 있음을 보여준다. 왜냐하면 전자적 시민참여활동을 통한 시민들의 제안이 정부 실무자에게 활용될 때 행정의 민주성이 향상되는데, 아직은 실무자들의 시민들의 제안을 단순히 참조하는 수준에 불과하기 때문이다.

정리하여 보면 전자적 시민참여를 지원하는 매체는 시민들로 하여금 정부 활동에 쉽게 참여할 수 있는 기회를 마련하였다. 하지만 시민들의 제안은 여전히 정부 공무원의 시민제안에 대한 판단, 즉 선택에 의존하여 활용되는 측면이 강하다. 이는 행정의 민주성 실현이 시민들의 노력이 아닌 공무원이 개인적인 판단 여하에 따라 그 정도가 달라질 수 있는 시민과 공무원의 민주적 참여의 불

균형 상태라 할 수 있다. 균형 상태가 유지되기 위해서는 시민참여결과의 활용에 있어서도 시민참여가 이루어지거나 이를 보완하는 노력이 있어야 할 것이다.

다음으로, 전자적 시민참여결과 활용에 영향을 미치는 독립변수에 대한 집단 간 특성을 살펴본 결과에 따르면 직급에 따라서 4가지 요인들에 대한 평균 차이가 있었다. 즉 직급이 높은 경우 관료이익요인과 연결메커니즘 그리고 전체 평균에 대한 점수가 높은 경향이 있었다.

이는 주무관 이상의 경우 시민참여결과 활용에 직접적으로 관여하고 있기 때문에 이러한 결과가 나온 것으로 추측된다. 그리고 시민참여결과 활용의 영향요인 중에서 관료이익과 연결메커니즘에 대해서는 상대적으로 직급이 낮은 대상자들과 다른 견해를 갖고 있음을 확인하였다. 그리고 근무연한과 4가지 요인들 간의 평균 차이는 통계적으로 모두 유의미함을 보여주는데, 대체로 근무연한이 길수록 4가지 요인들과 전체 평균에 대한 점수가 높음을 확인할 수 있었다.

마지막으로, 활용유형에 따른 시민참여결과 활용의 설명모형을 검증 비교해 본 결과에 따르면 종속변수가 활용 정도, 개념적 활용, 도구적 활용 및 설득적 활용 순서로 회귀모형의 종속변수의 분산을 설명하는 정도가 많은 것으로 나왔다.

종속변수를 각각 활용 정도, 도구적 활용, 개념적 활용 및 설득적 활용으로 할 경우 독립변수(영향요인)의 상대적 중요도가 다른 것으로 나왔다. 종속변수가 활용 정도인 경우 시민참여결과의 질, 연결메커니즘 그리고 관료이익 순으로 상대적 중요가 나타났다. 종속변수가 도구적 활용에서는 동일한 순서의 중요도를 갖는 것으로 나타났다. 종속변수 개념적 활용에서는 연결메커니즘, 시민참여결과의 질 및 관료이익 순서로 상대적 중요도가 나타났다. 마지막으로, 종속변수가 설득적 활용에서는 연결메커니즘이 유일하게 통계적으로 유의미하게 나왔다.

조사결과는 전자적 시민참여 이후의 평가 결과의 활용을 확대하기 위한 방향성을 제시하여 행정의 민주성 확보를 구체화할 수 있다는 점에서 중요한 정책적 함의를 제공하고 있다. 무엇보다, 회귀모형이 활용유형에 따라서 설명력의 정도와 영향요인의 상대적 중요도가 다름을 확인하였는데, 이는 활용의 구체적인 목적(활용 유형)에 따라서 차별화된 전략이 요구됨을 시사한다. 즉 개별 종속변수에서 독립변수의 상대적 중요도가 통계적으로 다른데, 이는 상대적으로 중요도가 높은 요인을 투입 시에 먼저 고려하는 전략이 마련될 수 있을 것이다. 예컨대, 도구적 활용을 위해서 시민참여결과의 질, 연결메커니즘 및 관료이익의 순으로 독립변수의 상대적 중요도가 나타났다. 이런 경우 시민참여에 있어서 시민참여결과 질을 높일 수 있는 소수인원으로 구성된 커뮤니티를 구성하고, 이들과의 신념 체계에 있어서 문제를 줄이기 위하여 잦은 면대면 접촉과 교육을 수행하고, 실질적으로 관료이익을 도출할 수 있는 구체적인 제안들을 제시하여 확보하여 평가 결과의 활용을 확대하는 방안이 마련될 수 있을 것이다. 특히, 예산이나 노력의 제한이 있을 경우에는 상대적으로 중요도가 높은 시민참여결과의 질 향상과 관련된 사항에 집중 투자하는 방안이 마련되어야 할 것이다.

참고문헌

국가평가인프라구축추진단. (2005).「통합국정평가제도하 종합평정을 위한 평가부문별 업무비중에 관한 연구」.

강민아, 이근주. (2005).「민원만족도조사 분석방법의 개선을 통한 기관평가제도 개선방안의 모색」『한국정책학회보』. Vol. 14, No. 2, pp.109 - 132.

권기헌. (2003).『전자정부와 정부혁신: 모형·패러다임·쟁점』. 서울: 커뮤니케이션북스.

김계수. (2002).『AMOS 구조방정식 모형분석』. 서울: SPSS 아카데미.

김 구. (2002).「지방 정부의 시민참여 활성화를 위한 정보통신기술의 영향요인 연구 - 광주광역시를 중심으로」,『한국행정논집』. Vol. 14, No. 2, pp.373 - 398.

김기영. (2001).『구조방정식 모형의 분석』. 서울: 자유아카데미.

김명수. (2000).『공공정책평가론』. 서울: 박영사.

김병오. (1998).「정보화 사회의 도전과 한국전자민주주의의 가능성에 관한 연구」, 박사학위논문. (경남대학교).

김병진. (1997).「우리나라 정부 정책평가제도의 활성화 방안: 심사평가제도를 중심으로」,『정책분석평가학회보』. 제7권 2호, pp.25 - 38.

김렬, 유근환. (2003).「정보기술과 공공대응성의 관계 - 네티즌과 공무원의 설문결과를 기초로」,『한국정책과학학회보』. Vol. 7, No. 3, pp.185 - 201.

김상묵 외. (2004).「중앙정부 정책과정과 시민참여」,『한국행정논집』. Vol. 16, No. 4, pp.861 - 885.

김석주. (2000).「전자민주주의의 확보를 위한 사이버 정부정책포럼의 활성화 방안」,『한국행정학회 동계학술대회 발표논문집』.

_____(2002).「전자민주주의 확보를 위한 사이버 정부정책포럼의 활성화 방안」,『한국행정학회 2000년 동계학술대회 발표논문집』.『새천년의 행정학 패러다임 (1)』. pp.219 - 234.

김영삼. (2002).「시민사회의 전자적 행정참여를 위한 과제」, 함께하는 시민행동.『국민의 손으로 만드는 전자정부 토론회 자료집』.

김종호, 김강민. (2004).「IT활용을 통한 정책과정의 시민참여 활성화 방안: 경기도 홈페이지 평가를 중심으로」,『한국행정연구』. 제13권 제3호, pp.85 - 115.

김홍기. (1983).『행정국가와 시민참여』. 서울: 대왕사.

남궁근. (2003).『행정조사방법론』. 서울: 법문사.

노시평 외. (1999).『정책학』. 서울: 학현사.

노형진. (1999).『다변량데이터의 통계분석』. 서울: 석정.

더글러스 홈스. (2002).『e.gov: 전자정부를 위한 e - 비즈니스 전략』. 갈렙앤컴퍼니 역. 서울: 물푸레.

문신용. (2000).『인터넷기술과 행정서비스』. 서울: 한국행정연구원.

문영세. (1996).「최근 정부조직 개편에 따른 심사평가제도의 위상과 기능변화」,『인하대학교 사회과학연구소 논문집』. pp.163 - 182.

문태수. (2003).「공공부문 정보화사업의 경제성 평가방법론 개발」,『정책분석평가학회보』. 제13권 제1호. pp.47 - 84.

민경배. (2002).「정보사회에서의 온라인 사회운동에 관한 연구: 한국의 사례를 중심으로」, 박사학위논문. (고려대학교).

박동진. (2000).『전자민주주의가 오고 있다』. 서울: 책세상.

박연호. (2003).『행정학신론』. 서울: 박영사.

박재희. (2002).『기관평가제도의 운영실태 및 개선방안』,『한국행정연구원 보고서』.

박천오. (2002).「정부 관료제의 시민참여 수용성: 한국 공무원의 인식을 중심으로」,『행정논총』. Vol. 40, No. 2, pp.1 - 28.

박형준. (1995).「새로운 사회운동과 경실련 운동: 정보화사회의 네트워크형주제」,『경제와 사회』, 가을호, 한울.

변미리. (2004).「전자정부 성과평가방법: 서울시 전자정부 추진실적 평가의 Pilot Survey를 중심으로」,『참여정부의 정부혁신 방향과 과제』한국행정학회 2004년 춘계학술대회 발표논문집. pp.603 - 613.

송희준, 최홍석. (2002).「전자정부사업의 투명성 제고효과: 현황과 전망」,『한국정책학회 하계학술대회 발표논문집』.

신용우. (1986).「공공행정에 있어서 시민참여제도 역할」,『상명대학교

논문집』. Vol. 17, pp.33 - 54.

신현중. (2000). 「순차경로모형을 사용할 경우의 유의사항에 대한 논의」,
『정책분석평가학회보』. 제10권 제1호, pp.145 - 164.

양병화. (1998). 『다변량 자료 분석의 이해와 활용』. 서울: 학지사.

오석홍. (2004). 『행정학』. 서울: 박영사.

오철호. (2002). 「정책결정과정에서의 정보사용에 대한 합리모형 비판」,
『한국정책학회보』. 제7권 제2호, pp.195 - 228.

오형국. (2005). 「전자정부에서의 시민참여 활성화 방안에 관한 연구」,
박사학위논문. (경희대학교).

윤상오. (2003). 「전자정부 시민참여에 관한 연구」, 『한국정책과학학회보』.
Vol. 17. No. 1, pp.79 - 105.

_____(2003). 「우리나라 정보화사업 평가방법론의 문제점과 개선방안」,
『노무현 정부의 국정과제 평가와 21세기 정책학의 새로운 패러다
임 모색』. 한국정책학회 2003년 동계학술대회 발표논문집. pp.327
- 356.

윤수재. (2002). 「주요정책과제에 대한 국민 만족도 조사」, 한국정책분
석평가학회 & 한국행정연구원 정책평가센터. 『2002년 국정평가
시스템의 진단과 발전과제』. pp.51 - 74.

_____(2003a). 「우리나라 중앙정부의 정책평가시스템 발전방향: 정부
업무 평가 시스템 정착방안」, 『한국정책분석평가학회 춘계학술
대회』. pp.17 - 34.

_____(2003b). 「정부업무평가제도에 대한 탐색적 진단: 국정평가체계
의 발전방향과 전자정부정책의 과제」, 『한국정책학회 추계대회
발표논문집』. pp.189 - 216.

이기식. (2000). 「광역지방자치단체 정보화사업의 평가: 충청북도 사례를
중심으로」, 『정책분석평가학회보』. 제10권 제2호. pp.261 - 282.

이순묵. (1995). 『요인분석 Ⅰ』. 서울: 학지사.

이승종. (1997). 「지역주민참여의 활성화방안」, 『한국지방자치학회보』.
제9권 제2호.

이영희. (1997). 「과학기술대중화의 새로운 모델: 시민참여를 중심으로」,
『한국정책학회』. Vol. 6, No. 1, pp.204 - 229.

이영희. (1998). 「과학기술과 시민단체」, 『과학기술정책관리연구소』.

이윤식 외. (2001). 「서울시 정보화사업의 평가와 과제: 민원처리 온라인공개시스템(OPEN)의 효과성평가를 중심으로」, 『정책분석평가학회보』. 제11권 제2호. pp.25 - 49.

이윤식. (2002). 「정부업무 평가 결과 활용의 개선방안에 관한 연구: 정부기관평가제도의 성공적 정착과 발전방향」, 『2002년도 정책평가위원회·한국행정연구원 발표 논문자료집』. pp.126 - 132.

_____(2003). 『행정정보체제론』. 서울: 법영사.

_____(2004). 「우리나라 정책평가에 있어서 국무조정실과 감사원의 바람직한 역할과 과제」, 『정책분석평가학회보』. 제14권 제2호. pp.1 - 39.

이윤식 외. (2004). 『정책평가: 이론과 적용, 신판』. 법영사.

이재영. (2004). 「국방정보화사업 효과의 계량적 분석평가」, 『정책분석평가학회보』. 제14권 제2호. pp.93 - 118.

임광현. (2000). 「전라북도 정보화사업의 평가: 전북 EC - PLAZA를 중심으로」, 『정책분석평가학회보』. 제10권 제2호. pp.207 - 232.

임희섭. (1999). 『집합행동과 사회운동의 이론』. 고려대 출판부.

유일상. (2002). 『매스미디어 입문』. 서울: 청년사.

윤상오. (2002). 「전자정부 성숙도 평가모형의 개발과 적용에 관한 연구」, 『한국정책학회보』. Vol. 11, No. 4, pp.243 - 272.

_____(2003). 「전자정부의 시민참여에 관한 연구」, 『한국정책과학학회보』. 제7권 제1호, 79 - 104.

윤주명. (2001). 「시민참여와 행정의 대응성: 인터넷 시민참여에 대한 도시정부의 반응을 중심으로」, 『한국지방자치학회보』. Vol. 13, No. 2, pp.143 - 164.

정보통신부. (1997). 『정보화사업평가편람』.

정연정. (2003). 「사이버 사회, 무엇이 문제인가?」 『사이버 정치참여의 확산과 현실정치의 변화: 정보혁명과 시민운동의 새로운 양상. '춘계학술대회'』. pp.159 - 176.

정정길. (1998). 『정책학원론』. 서울: 대명출판사.

_____(2000). 『행정학의 새로운 이해』. 서울: 대명출판사.

정충식. (2002). 「국가경쟁력 제고를 위한 전자정부 구현전략」, 『한국행정학회 추계학술대회 발표논문집』.

전자정부 특별위원회. (2003). 『전자정부 백서』.

정부혁신지방분권위원회. (2003). 『참여정부 행정개혁 로드맵』.

차의환. (2002). 『정책평가의 이론과 실제: 기간평가제 접근모형과 전략』. 서울: 도서출판한울.

채서일. (1997). 『사회과학 조사방법론』. 서울: 학현사.

최성진. (1980). 『정보사회론』. 서울: 성균관대학출판부.

최영출. (2004). 로컬 거버넌스의 성공적 구현을 위한 정책과제: AHP 방법론의 적용. 『지방행정연구』. 18(1). pp.15 - 50.

함께하는 시민행동. (2002). 『중앙 및 지방 공공기관 168곳 홈페이지 모니터 보고서』.

행정자치부, 한국전자정부연구원. (2002). 『정부기관 홈페이지 발전 및 정책방향 연구』.

행정자치부. (2003). 『민원 제도 개선 담당 공무원과의 대화』.

_____(2004). 온라인 국민참여 포털 구축을 위한 BPR / ISP 추진 계획(안).

_____(2005). 『2005년 홈페이지 평가 및 개인정보 노출진단 연구 용역 최종보고서』.

한승준. (2006). 『조사방법의 이해와 SPSS 활용』. 서울: 대영문화사.

Arendt. H. (1973). *The Human Condition.* New York: Chicago Univ. Press.

Beierle, T. C. (1998). Public Participation in Environmental Decisions: An Evaluation Framework Using Social Goals. Discussion paper 99 - 06, Resources for the Future.

Campbell, D. T. and Stanley, J. C. (1966). *Experimental and Quasi - Experimental Design*, Chicago: Rand McNally.

Carnes, Sam A. et al. (1996). *Performance Measures for Evaluating Public Participation Activities in DOE's Office of Environmental Management.* Oak Ridge National Laboratory, ORNL - 6905.

Charlton, C. Gittings, C. Leng, P. Little, J. and Neilson, I. (1977). Diffusion of the Internet: A Local Perspective on An International

Issue. in T. McMaster et al.(ed). *Facilitating Technology Transfer through Partnership: Learning from Practice and Research,* London: Chapman & Hall.

Chelimsky, Eleanor. (1985). Old Patterns and New Directions in Program Evaluation. in E. Chelimsky(ed.). *Program Evaluation: Patterns and Directions.* Washington. D. C.: American Society for Public Administration.

City of Vancouver. (1999). *Public Involvement Review: Policy Report(July).* Vancouver, BC: PIR Working Group.

Cook, T. D. and Campbell, D. T. (1979). *Quasi −Experimentation: Design & Analysis Issues for Field Settings,* Boston: Houghton Mifflin Company.

Delone, W. H. & McLean, E. R. (1992). Information Systems Success: The Quest for the Dependent Variable, *Information System Research,* Vol. 3, No. 1, pp.60 − 95.

_____. (2002). Information Systems Success Revisited. *Proceedings of the 35 Hawaii International Conference on System Sciences.*

Department of Justice Canada. (2001). *Evaluation and Citizen Engagement.* Evaluation Division Policy Integration and Coordination Section.

Doll, W. J. & Torkzadeh, G. (1988). The Measurement of End−User Computing Satisfaction. *MIS Quarterly.* Vol. 12, No. 2, pp.259−274.

Fischer, Frank. (1995). *Evaluating Public Policy.* Chicago: Nelson−Hall Publishers.

Gartner Research. (2001). *E −Government: What are Citizens Really Looking for?*

Goldenberg, Edie N. (1983). The Three Faces of Evaluation. *Journal of Policy Analysis and Management.* Vol. 2, No. 4, pp.515 − 525.

Gorsuch, R. L. (1983). *Factor Analysis,* 2nd Ed. Hillsdale, NL: Lawrence Erlbaum.

Government of Canada. (1999). *Report of the Commissioner of the Environment and Sustainable Development,* Chapter 2. Ottawa: CESD.

Guattari, F. (1977). *La Revolution Moleculair, Editions de Recherches*, 윤수종 역. 1999. <분자혁명>. 푸른숲.

Guattari, F & Deleuze. G. (1980). *Mille Plateaux*, 김재인 역. 2001. <천 개의 고원>. 새물결.

Habermas. J. (1989). *The Structural Transformation of the Public Sphere*. Cambridge: The MIT Press.

H. F. Kaiser. (1974). An Index of Factorial Simplicity. *Psychometrika*. Vol. 39, pp.31 – 36.

Hart – Teeter. (2000.9). *E – Government: The Next American Revolution*. The Council for Excellence in Government.

Hoffman, D. L., Novak, T. P., & Chatterjee, P. (1995). Commercial Scenarios for the Web: Opportunities and Challenges. *Journal of Computer – Mediated Communication*, Vol. 1(3).

Hofstetter, C. H. & Alkin, M. C. (2002). Evaluation Use Revisited. in D. Nevo and D. Stufflebeam(Eds.). *International Handbook of Educational Evaluation*. to be published by Klunner Academic Press.

Hu, L. & Bentler P. M. (1999). Cutoff Criteria for Fit Indexed in Covariance Structure Analysis: Conventional Criteria Versus New Alternatives. *Structural Equation Modeling: A Multidisciplinary Journal*. 6(1). pp.1 – 55.

James V. Cunningham. (1972). Citizen Participation in Public Affair. *Public Administration Review*. Vol. 32(Octorber). p.595.

Johnson, R. B. (1998). Toward a Theoretical Model of Evaluation Utilization, *Evaluation and Program Planning*. Vol. 21, No. 1, pp.93 – 110.

Leviton, L. C. & Hughes, E. F. (1981). Research on the Utilization of Evaluations: A Review and Synthesis. *Evaluation Review*. Vol. 5, No. 5, pp.497 – 519.

Lips, M. (1997). Reinventing public service delivery through 정보통신기 술: lessons drawing from developments in the USA, UK, and the Netherlands, *A Paper presented at the IFIP WG 8. 5 Workshop*.

(May 5 — 6). Stockholm. Sweden.

Massetti, B., White, N., & Spitler, V. K., (1999). *The Impact of the World Wide Web on Idea Generation.* Proceedings of the Thirty — second Annual Hawaii International Conference on System Sciences.

McDonough A. M. (1963). *Information Economics and Management Systems.* New York: McGraw — Hill.

McNair, Ray H. et al. (1983). Citizen Participants in Public Bureaucracies: Four — weather Friends. *Administration and Society.* Vol. 14, No. 4, pp.507 — 524.

Milbrath, Lester W., and M. L. Goel. (1977). *Political Participation: How and Why Do People Get Involved in Politics?* Chicago: Rand McNally.

Melucci, A. (1989). *Nomads of the Present: Social Movement and Individual Needs in Contemporary Society.* London: Hutchinson.

Nagel. J. (1987). *Participation.* Prentice — Hall. Englewood Cliffs.

OECD. (2001). *Citizens as Partners: Information, Consultation and Public Participation in Policy — making.*

_____. (2003). *Promise and Problems of E — Democracy: Challenges of Online Citizen Engagement.*

Oh, Cheol H. (1996). *Linking Social Information to Policy — making.* London: JAI Presss Inc.

Owen, J. M., wirh P. J. Rogers. (1999). *Program Evaluation: Forms and Approaches.* St. Leonards. Australia: Allen & Urwin.

Patton, M. Q. (1997). *Utilization — focused Evaluation(3rd ed.).* Beverly Hills, CA: Sage.

Peters, B. G. (1996). *The Future of Governing: Four Energing Models.* Lawrence. KS: University Press of Kansas.

Poister, Theodore H. (1979). *Public Program Analysis: Applied Research Methods.* Baltimore: University Park Press.

Quelch, J. A. & Klein, L. R., (1996). The Internet and International Marketing. *MIT Sloan Management Review*, Spring. Vol. 37, No. 3. pp.60 — 75.

Rich, R. F. (1977). Uses of Social Science Information by Federal Bureaucrats: Knowledge for Action Versus Knowledge for Understanding. In C. H. Weiss(ed.). *Using Social Research in Public Policy Making*. Lexington. MA: Lexington Books. pp.199 – 211.

Rist, Ray C. (1999). Managing of Evaluations or Managing by Evaluations: Choices and Consequences. in R. Rist(ed.). Program Evaluation and the Management of Government: Patterns and Prospects across Eight Nations. New Brunswick. NJ: Transaction Publishers. pp.3 – 17.

Rocheleau, Bruce. (1999). The Political Dimensions of Information Systems in Public Administration. David Garson. *Information Technology and Computer Applications in Public Administration: Issues and Treands,* Hershey: Idea Group Publishing.

Rossi, Peter and Howard E. Freeman. (1985). *Evaluation: A Systematic Approach(3rd ed.)*. Beverly Hills: Sage Publications.

Seddon, P. B. & Kiew, M. Y. (1996). A Partial Test and Development of DeLone and MacLean's Model of IS Success. *Australian Journal of Information Systems*. Vol. 4, No. 1.

Sherry Arnstein. (1969). A Ladder of Citizen Participation. *Journal of the American Institute of Planners*. Vol. 35, pp.216 – 224.

Stoker, Gerry. (1997). Local Government in Britain After Thater. in Jan Erik Lane(ed.). *Public Sector Reform*. London: Sage.

UNESCO. (2002). *Country Profiles of e – Governance*.

Verba, Sidney(1967). Democratic Participation. *The Annuals of the American Academy of Political and Social Science*. pp.53 – 78.

Walters, L. C., Aydelotte, J., & Miller, J. (2000). Putting More Public in Policy Analysis. *Public Administration Review*. Vol. 60, No. 4, pp.349 – 359.

Weiss. C. H. (1988). Have We Learned Anything about the Use of Evaluation? *American Journal of Evaluation*. Vol. 19, No. 1, pp.21 – 33.

Zimmerman, Joseph F. (1986). *Participatory Democracy: Populism Revived*. New York: Praeger.

http://business.clemson.edu/ISE/html/

부록

부록 1_전문가 의견조사 질문지

안녕하십니까? 귀중한 시간을 허락해 주셔서 감사합니다.

본 질문지의 목적은 전자적 시민참여 지원활동 평가모형을 확정하기 전에 평가항목의 세부 문항이 측정하고자 하는 내용을 대표하고 있는가, 즉 내용의 타당성(content validity)의 확보 여부를 조사하기 위한 전문가 의견조사 질문지입니다.

정부 정책 활동에 대한 다양한 경험과 연구 경력을 가지고 계신 전문가 선생님께서 개발 중인 평가모형의 평가항목별 세부 문항에 대하여 문항선정의 타당성을 검토하시어 그 여부를 판단해 주시면 됩니다.

바쁘신 와중에 어려운 부탁을 드려 죄송하지만, 적극적인 협조를 부탁드립니다. 답해 주신 의견은 본 연구 이외의 목적으로는 사용되지 않을 것임을 약속드립니다.

감사합니다.

2008. 12.

윤종헌

아래는 전자적 시민참여 지원활동 평가모형의 평가항목에 대한 항목을 소개하고 있습니다. 각 문항을 보시고 **선택, 수정, 삭제란에** √를 표시해 주시면 됩니다. 만약, 수정과 추가의 경우에는 그에 대한 의견을 간략히 적어주시면 됩니다.

1. 다음의 내용은 **홈페이지의 기능성**을 측정하기 위한 세부 항목입니다.

	선택	수정	삭제	수정 시 의견
홈페이지의 사용자 접근성				
홈페이지의 사용의 용이성				
홈페이지 기능 구성의 만족도				
홈페이지의 처리속도				
홈페이지의 오류의 정도				

　*추가 시 의견:_____

2. 다음의 내용은 참여가 이루어지는 홈페이지의 **전자공간 특성**을 측정하기 위한 세부 항목입니다.

	선택	수정	삭제	수정 시 의견
동등한 참여의 보장성				
모든 이슈에 대한 비판 및 반박의 가능성				
명령, 반대, 허락, 금지 등 규제적 언행에 대한 시민과 정부의 균형 잡힌 기회 제공				
자신의 태도, 감정, 의도 등의 솔직한 표현 가능성				
시민 - 시민 간 네트워크, 시민 - 정부 간 네트워크의 용이성				
관련 정보의 제공이 용이하고, 시민참여를 통한 정책 참여 기회				

　*추가 시 의견:_____

3. 다음의 내용은 시민참여에 대한 **정부의 대응성**을 측정하기 위한 세부 항목입니다.

	선택	수정	삭제	수정 시 의견
평가 결과의 처리 기간의 통보와 준수				
평가 결과의 신속처리				
평가 결과에 대한 답변충실성				
평가 결과처리 전 과정의 투명성				
평가 결과의 업무반영노력				
평가 결과업무의 지속적 추진				

*추가 시 의견:_____

4. 다음의 내용은 시민참여와 관련된 **행정지원 노력**을 측정하기 위한 세부 항목입니다.

	선택	수정	삭제	수정 시 의견
시민참여를 위한 홍보노력				
시민참여를 위한 교육제공				
시민참여를 위한 관련 자료제공				
시민참여결과에 대한 적절한 보상				
시민참여업무 처리에 대한 만족도 평가 및 평가 결과 반영				

*추가 시 의견:_____

5. 다음의 내용은 **양적 시민참여 정도**를 측정하기 위한 세부 항목입니다.

	선택	수정	삭제	수정 시 의견
평가 결과의 수				
부처 관련 처리대상 평가 결과의 수				
참여자의 다양성				
평가 결과 주제의 다양성				
평가 결과 및 정부 답글에 대한 검색 수(조회 수)				
평가 결과 및 정부 답글에 대한 댓글 혹은 만족도 기재 참여 수				

*추가 시 의견:_____

6. 다음의 내용은 **질적인 시민참여 정도**를 측정하기 위한 세부 항목입니다.

	선택	수정	삭제	수정 시 의견
평가 결과의 대표성				
정부의 비효율적 업무 및 제도를 개선하는 내용의 평가 결과				
계획 중이거나, 집행 중인 정책에 대한 정책내용(목표, 수단 등)의 개선				
정책과정상의 문제점을 지적하고(정책내용 개선과 다름), 개선하는 내용				
전혀 새로운 정책(문제)의 발견				

*추가 시 의견:_____

7. 다음의 내용은 **시민참여결과의 활용 정도**를 측정하기 위한 세부 항목입니다.

	선택	수정	삭제	수정 시 의견
정책문제 개선을 위한 직접적 수단으로 활용				
정책결정자의 인식 재고에 활용				
시민참여를 통한 민주성 확보 차원에서 활용				
확정된 사안에 대한 사후적 지지의 수단으로 활용				
확정되었거나 혹은 확정되지 않은 사안에 대한 시민설득수단으로 활용				
시민들의 정책참여를 통하여 그들의 행위나 인식의 변화를 위하여 활용				

*추가 시 의견:_____

8. 다음의 내용은 **시민참여결과의 활용환경**을 측정하기 위한 세부 항목입니다.

	선택	수정	삭제	수정 시 의견
시민참여결과를 활용하기 위한 정치적 기회의 조성				
시민참여결과와 관련된 업무를 수행하기 위한 재정적 여건				
시민참여결과의 활용을 위한 사회 환경(언론, 시민단체 등의 활동)				
시민참여활동에 관심이 높은 조직문화의 형성				
시민참여결과의 활용 활성화를 위한 정부－시민 협의조직의 구성				
정부－시민 협의조직의 실제적 운영과 활성화				

*추가 시 의견:_____

9. 다음의 내용은 전자적 시민참여를 통한 **행정의 효율성**을 측정
   하기 위한 세부 항목입니다.

	선택	수정	삭제	수정 시 의견
시민참여 현황과 처리 및 관리의 용이성				
기존의 업무처리방법에 비하여 생산적임				
기존의 업무처리방법에 비하여 비용 절감				
업무처리절차의 개선				
새로운 업무처리방법에 있어서 담당자의 만족도				
조직문화개선의 실질적인 도움				

*추가 시 의견:_____

10. 다음의 내용은 전자적 시민참여를 통한 **행정의 민주성**을 측정
    하기 위한 세부 항목입니다.

	선택	수정	삭제	수정 시 의견
시민과 국민 간의 신뢰형성				
국민입장을 중요시하는 정책문화 향상				
시민의 국정참여 파트너로서 역할 확대				
국민의 대표적 견해의 정책반영				

*추가 시 의견:_____

부록 2_부서 담당자용 설문지

안녕하십니까?

본 설문은 선생님께서 수행하시는 업무와 관련하여 홈페이지를 통하여 제안되는 시민참여에 관한 사항들을 조사하기 위함입니다. 구체적으로 전자적 시민참여를 위한 정부지원노력, 시민참여 정도, 시민제안의 활용 정도 그리고 이러한 모든 과정을 통하여 얻게 되는 효율성과 민주성의 정도를 파악하기 위함입니다.

각 문항을 읽어 보시고 이에 해당되는 사항, 즉 매우 긍정, 긍정, 보통, 부정, 매우 부정 중에서 가장 적합한 것에 한개만 √를 표시하여 주시면 됩니다.

바쁘신 와중에 어려운 부탁을 드려 죄송하지만, 적극적인 협조를 부탁드립니다. 그리고 본 설문지는 익명으로 처리되며, 비밀이 보장되고 연구목적 이외에는 사용되지 않음을 알려드립니다. 귀한 시간 내주신 데 대해 감사드리며, 좋은 하루 되시기 바랍니다.

감사합니다.

2008. 12.

윤종현

1. 선생님의 업무와 관련하여 시민제안이 이루어지는 **홈페이지의 기능성**에 관한 사항입니다.

	매우 긍정	긍정	보통	부정	매우 부정
홈페이지는 사용접근성(비정상인, 정보소외자 등의 고려)을 고려하였다.	5	4	3	2	1
홈페이지를 사용하기 쉽다.	5	4	3	2	1
홈페이지의 기능(function) 구성이 잘되어 있다.	5	4	3	2	1
홈페이지의 접근 속도에 만족한다(빠르다).	5	4	3	2	1

2. 선생님의 업무와 관련하여 시민제안이 이루어지는 **홈페이지의 전자공간 특성**에 관한 사항입니다.

	매우 긍정	긍정	보통	부정	매우 부정
동등한 참여가 가능하다.	5	4	3	2	1
모든 이슈에 대한 비판 및 반박이 가능하다.	5	4	3	2	1
명령, 반대, 허락, 금지 등 규제적 언행에 대한 시민과 정부의 균형 잡힌 기회제공이 되고 있다.	5	4	3	2	1
자신의 태도, 감정, 의도 등의 솔직한 표현이 가능하다.	5	4	3	2	1
시민 - 시민 간 의사소통, 시민 - 정부 간 의사소통이 용이하다.	5	4	3	2	1
관련정보의 제공이 용이하고, 시민참여를 통한 정책참여 기회가 주어진다.	5	4	3	2	1

3. 시민제안에 대한 **정부의 대응성**에 관한 사항입니다.

	매우 긍정	긍정	보통	부정	매우 부정
시민제안의 처리 기간의 통보와 준수가 제대로 되고 있다.	5	4	3	2	1
시민제안을 신속히 처리한다.	5	4	3	2	1
시민제안에 대한 답변이 충실하다.	5	4	3	2	1
시민제안 처리 전 과정이 투명하다.	5	4	3	2	1

4. 시민제안과 관련된 **행정지원 노력**에 관한 사항입니다.

	매우 긍정	긍정	보통	부정	매우 부정
시민제안 활동과 관련된 홍보를 하고 있다.	5	4	3	2	1
시민제안에 필요한 교육(시민들 대상)을 하고 있다.	5	4	3	2	1
시민제안에 필요한 자료가 제공되고 있다.	5	4	3	2	1
시민제안에 대한 적절한 보상이 있다.	5	4	3	2	1
시민제안 업무처리에 대한 시민의 만족도 조사와 결과를 업무에 반영하고 있다.	5	4	3	2	1

5. 홈페이지를 통한 **양적 참여 정도**에 관한 사항입니다.

	매우 긍정	긍정	보통	부정	매우 부정
부처 관련 처리대상 시민제안의 수가 많다.	5	4	3	2	1
다양한 참여자들이 참여하고 있다.	5	4	3	2	1
시민제안 및 정부 답글에 대한 조회 수가 많다.	5	4	3	2	1
시민제안 및 정부 답글에 대한 댓글 혹은 만족도 기재 참여 수가 많다.	5	4	3	2	1

6. 홈페이지를 통한 **질적 참여 정도**에 관한 사항입니다.

	매우 긍정	긍정	보통	부정	매우 부정
다양한 이해집단들이 참여하여 시민들의 다양한 견해들을 제시 한다.	5	4	3	2	1
계획 중이거나, 집행 중인 정책에 대한 정책내용(목표, 수단 등)을 개선하는 내용이다.	5	4	3	2	1
정책과정상의 문제점을 지적하고(정책내용 개선과 다름), 개선 하는 내용이다.	5	4	3	2	1
전혀 새로운 정책(문제)을 제시한다.	5	4	3	2	1

7. 선생님의 시민제안에 대한 **활용 정도**에 관한 사항입니다.

	매우 긍정	긍정	보통	부정	매우 부정
정책문제 개선을 위한 직접적 수단으로 활용된다.	5	4	3	2	1
정책결정자의 인식 재고를 위하여 활용된다.	5	4	3	2	1
시민정책참여를 통한 민주성 확보를 위하여 활용된다.	5	4	3	2	1
확정되었거나 혹은 확정되지 않은 사안에 대한 시민설득을 위 하여 활용된다.	5	4	3	2	1

8. 선생님 부서의 **환경**에 관한 사항입니다.

	매우 긍정	긍정	보통	부정	매우 부정
정책과정에 시민들이 참여할 수 있는 정치적 기회가 조성되어 있다.	5	4	3	2	1
시민참여와 관련된 업무를 수행하기 위한 재정적 여건이 마련 되어 있다.	5	4	3	2	1
시민참여를 중요하게 여기는 조직문화이다.	5	4	3	2	1
정부 – 시민 협의조직의 구성이 되어 있다.	5	4	3	2	1
정부 – 시민 협의조직이 제대로 운영되고 있다.	5	4	3	2	1

9. 전자적 시민참여서비스를 통한 **효율성**에 관한 사항입니다.

	매우 긍정	긍정	보통	부정	매우 부정
시민정책참여 현황과 처리 및 관리가 용이하다.	5	4	3	2	1
기존의 업무처리방법에 비하여 생산적이다.	5	4	3	2	1
기존의 업무처리방법에 비하여 비용이 절감된다.	5	4	3	2	1
업무처리절차가 개선되었다.	5	4	3	2	1

10. 전자적 시민참여서비스를 통한 **민주성**에 관한 사항입니다.

	매우 긍정	긍정	보통	부정	매우 부정
시민과 정부 간의 신뢰가 형성되었다.	5	4	3	2	1
시민입장을 중요시하는 정책문화가 형성되었다.	5	4	3	2	1
정책과정에서 시민들의 역할이 국정참여파트너 성격으로 발전 하였다.	5	4	3	2	1
시민의 대표적 견해가 정책에 반영되었다.	5	4	3	2	1

11. 사회 · 인구통계에 관한 사항입니다.

1) 귀하의 성별은? ① 남 ② 여

2) 귀하의 나이는?

① 25세 미만 ② 25세 이상 – 30세 미만

③ 30세 이상 – 35세 미만 ④ 35세 이상 – 40세 미만

⑤ 40세 이상 – 45세 미만 ⑥ 45세 이상 – 50세 미만

⑦ 50세 이상 – 55세 미만 ⑧ 55세 이상 – 60세 미만

⑨ 60세 이상

3) 귀하의 직급은? ① 3급 ② 4급 ③ 5급 ④ 6급
⑤ 7급 ⑥ 8급 ⑦ 9급

4) 귀하의 소속부처는?_____

5) 귀하의 공직근무연한은?

① 5년 미만 ② 5년 이상 – 10년 미만 ③ 10년 이상 –
15년 미만 ④ 15년 이상 – 20년 미만 ⑤ 20년 이상 –
25년 미만 ⑥ 25년 이상 – 30년 미만 ⑦ 30년 이상 –
35년 미만 ⑧ 35년 이상

6) 귀하의 최종학력은?

① 중졸 이하 ② 고졸 ③ 대졸
④ 대학원 석사졸 ⑤ 대학원 박사졸

부록 3_평가항목의 신뢰도 분석 결과

1) 환경

Item — total Statistics

	Scale Mean if Item Deleted	Scale Variance if Item Deleted	Corrected Item — Total Correlation	Alpha if Item Deleted	
환경1	11.9675	6.8350	.4432	.8144	
환경2	12.3252	6.1557	.5908	.7733	
환경3	11.8780	6.1407	.5637	.7820	
환경4	12.0813	5.6819	.7296	.7293	
환경5	12.2033	5.8682	.6571	.7524	

2) 홈페이지 기능성

Item — total Statistics

	Scale Mean if Item Deleted	Scale Variance if Item Deleted	Corrected Item — Total Correlation	Alpha if Item Deleted	
홈기능1	11.2927	2.4874	.5646	.6506	
홈기능2	11.3740	2.2360	.6581	.5902	
홈기능3	11.5772	2.5739	.5490	.6610	
홈기능4	11.5122	2.7273	.3531	.7744	

3) 전자공간 특성

Item－total Statistics

	Scale Mean if Item Deleted	Scale Variance if Item Deleted	Corrected Item－ Total Correlation	Alpha if Item Deleted
사이버1	18.1545	9.6235	.6235	.8036
사이버2	18.3577	8.9693	.6313	.7996
사이버3	18.4715	9.2676	.6162	.8030
사이버4	18.3740	9.1049	.5755	.8117
사이버5	18.5041	8.8914	.6154	.8032
사이버6	18.4228	9.2296	.5774	.8108

4) 정부 대응성

Item－total Statistics

	Scale Mean if Item Deleted	Scale Variance if Item Deleted	Corrected Item－ Total Correlation	Alpha if Item Deleted
대응성1	11.2276	3.0953	.7107	.7134
대응성2	11.5122	2.9896	.6606	.7381
대응성3	11.3333	3.5027	.6029	.7673
대응성4	11.3415	3.4234	.5257	.8028

5) 행정지원 노력

Item - total Statistics

	Scale Mean if Item Deleted	Scale Variance if Item Deleted	Corrected Item - Total Correlation	Alpha if Item Deleted
지원1	12.7805	6.7465	.6786	.8128
지원2	13.1382	6.6447	.6953	.8082
지원3	12.9024	7.0888	.6641	.8176
지원4	13.3008	6.8022	.6116	.8320
지원5	13.0813	7.0097	.6504	.8205

6) 시민참여의 양

Item - total Statistics

	Scale Mean if Item Deleted	Scale Variance if Item Deleted	Corrected Item - Total Correlation	Alpha if Item Deleted
양적 참1	9.3821	3.6971	.5434	.7251
양적 참2	9.3984	3.5203	.4712	.7719
양적 참3	9.3984	3.4056	.6667	.6608
양적 참4	9.4065	3.5383	.6129	.6897

7) 시민참여의 질

Item－total Statistics

	Scale Mean if Item Deleted	Scale Variance if Item Deleted	Corrected Item－Total Correlation	Alpha if Item Deleted
질적 참1	9.0244	4.5486	.6495	.8361
질적 참2	8.7886	4.6599	.7388	.7981
질적 참3	8.8374	4.6783	.7277	.8024
질적 참4	8.9350	4.5367	.6786	.8224

8) 활용 정도

Item－total Statistics

	Scale Mean if Item Deleted	Scale Variance if Item Deleted	Corrected Item－Total Correlation	Alpha if Item Deleted
활용-1	9.7805	3.4842	.5998	.7334
활용-2	9.6179	3.0905	.7025	.6772
활용-3	9.2602	3.6039	.5790	.7440
활용-4	9.7073	3.5366	.5092	.7802

9) 행정효율성

```
Item - total Statistics
Scale          Scale        Corrected
Mean           Variance     Item -              Alpha
if Item        if Item      Total               if Item
Deleted        Deleted      Correlation         Deleted
```

	Scale Mean if Item Deleted	Scale Variance if Item Deleted	Corrected Item-Total Correlation	Alpha if Item Deleted
효율성1	9.9593	5.2688	.6539	.8748
효율성2	10.1057	4.3412	.8064	.8158
효율성3	10.2114	4.6927	.7717	.8306
효율성4	10.0163	4.7374	.7241	.8493

10) 행정민주성

```
Item - total Statistics
Scale          Scale        Corrected
Mean           Variance     Item -              Alpha
if Item        if Item      Total               if Item
Deleted        Deleted      Correlation         Deleted
```

	Scale Mean if Item Deleted	Scale Variance if Item Deleted	Corrected Item-Total Correlation	Alpha if Item Deleted
민주성1	10.6260	3.6623	.5304	.7894
민주성2	10.3415	3.2267	.6122	.7534
민주성3	10.4878	3.5306	.6227	.7468
민주성4	10.5935	3.3088	.6992	.7089

부록 4_평가항목의 탐색적 요인분석 결과

1) 환경

상관행렬a

		환경1	환경2	환경3	환경4	환경5
상관계수	환경1	1.000	.417	.232	.422	.353
	환경2	.417	1.000	.444	.491	.470
	환경3	.232	.444	1.000	.574	.489
	환경4	.422	.491	.574	1.000	.672
	환경5	.353	.470	.489	.672	1.000
유의확률(한쪽)	환경1		.000	.005	.000	.000
	환경2	.000		.000	.000	.000
	환경3	.005	.000		.000	.000
	환경4	.000	.000	.000		.000
	환경5	.000	.000	.000	.000	

a. 행렬식=.188

KMO와 Bartlett의 검정

표준형성 적절성의 Kaiser–Meyer–Olkin 측도.		.796
Bartlett의 구형성 검정	근사 카이제곱	199.815
	자유도	10
	유의확률	.000

공통성

	초기	추출
환경1	.244	.241
환경2	.353	.419
환경3	.379	.414
환경4	.568	.724
환경5	.487	.575

추출 방법: 주축요인추출.

설명된 총분산

요인	초기 고유값			추출 제곱합 적재값		
	전체	% 분산	% 누적	전체	% 분산	% 누적
1	2.853	57.054	57.054	2.373	47.451	47.451
2	.800	16.001	73.055			
3	.562	11.232	84.287			
4	.481	9.618	93.904			
5	.305	6.096	100.000			

추출 방법: 주축요인추출.

스크리 도표

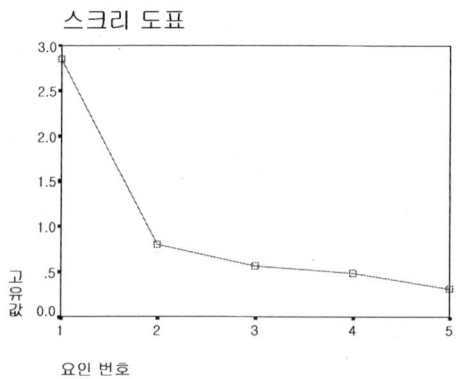

요인 번호

요인행렬 a

	요인
	1
환경1	.491
환경2	.647
환경3	.644
환경4	.851
환경5	.758

요인추출 방법: 주축 요인추출.
a. 1 요인이 추출되었습니다. 8의 반복계산이 요구됩니다.

2) 홈페이지 기능성

상관행렬a

		홈기능1	홈기능2	홈기능3	홈기능4
상관계수	홈기능1	1.000	.580	.499	.236
	홈기능2	.580	1.000	.522	.376
	홈기능3	.499	.522	1.000	.261
	홈기능4	.236	.376	.261	1.000
유의확률(한쪽)	홈기능1		.000	.000	.004
	홈기능2	.000		.000	.000
	홈기능3	.000	.000		.002
	홈기능4	.004	.000	.002	

a. 행렬식=.379

KMO와 Bartlett의 검정

표준형성 적절성의 Kaiser-Meyer-Olkin 측도.		.730
Bartlett의 구형성 검정	근사 카이제곱	116.272
	자유도	6
	유의확률	.000

공통성

	초기	추출
홈기능1	.389	.498
홈기능2	.450	.679
홈기능3	.335	.440
홈기능4	.147	.162

추출 방법: 주축요인추출.

설명된 총분산

요인	초기 고유값			추출 제곱합 적재값		
	전체	% 분산	% 누적	전체	% 분산	% 누적
1	2.270	56.753	56.753	1.778	44.461	44.461
2	.820	20.498	77.251			
3	.513	12.834	90.084			
4	.397	9.916	100.000			

추출 방법: 주출요인추출.

스크리 도표

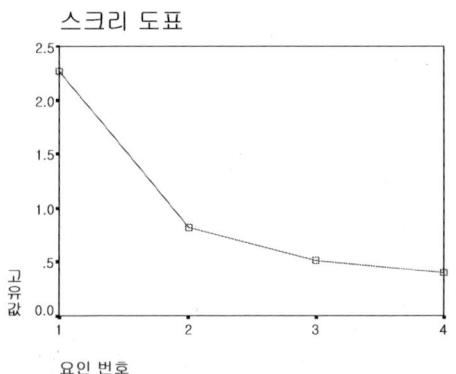

요인 번호

요인행렬a

	요인
	1
홈기능1	.706
홈기능2	.824
홈기능3	.663
홈기능4	.402

요인추출 방법: 주축 요인추출.
a. 1 요인이 추출되었습니다. 11의 반복계산이 요구됩니다.

3) 전자공간 특성

상관행렬a

		사이버1	사이버2	사이버3	사이버4	사이버5	사이버6
상관계수	사이버1	1.000	.490	.410	.501	.434	.497
	사이버2	.490	1.000	.555	.467	.453	.402
	사이버3	.410	.555	1.000	.430	.492	.414
	사이버4	.501	.467	.430	1.000	.420	.371
	사이버5	.434	.453	.492	.420	1.000	.508
	사이버6	.497	.402	.414	.371	.508	1.000
유의확률(한쪽)	사이버1		.000	.000	.000	.000	.000
	사이버2	.000		.000	.000	.000	.000
	사이버3	.000	.000		.000	.000	.000
	사이버4	.000	.000	.000		.000	.000
	사이버5	.000	.000	.000	.000		.000
	사이버6	.000	.000	.000	.000	.000	

a. 행렬식=.140

KMO와 Bartlett의 검정

표준형성 적절성의 Kaiser-Meyer-Olkin 측도.		.857
Bartlett의 구형성 검정	근사 카이제곱	234.216
	자유도	15
	유의확률	.000

공통성

	초기	추출
사이버1	.411	.478
사이버2	.426	.501
사이버3	.406	.468
사이버4	.352	.414
사이버5	.394	.466
사이버6	.368	.414

추출 방법: 주축요인추출.

설명된 총분산

요인	초기 고유값			추출 제곱합 적재값		
	전체	% 분산	% 누적	전체	% 분산	% 누적
1	3.283	54.714	54.714	2.741	45.690	45.690
2	.686	11.436	66.149			
3	.655	10.912	77.061			
4	.525	8.750	85.811			
5	.441	7.356	93.167			
6	.410	6.833	100.000			

추출 방법: 주축요인추출.

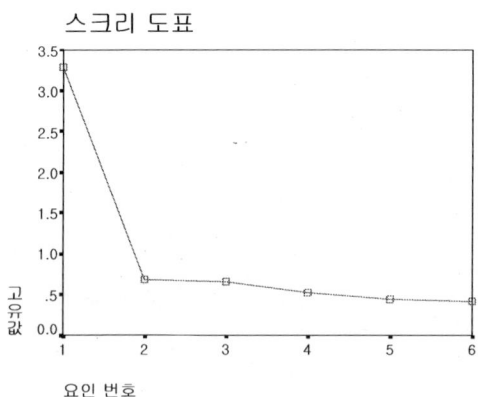

스크리 도표

요인행렬a

	요인
	1
사이버1	.691
사이버2	.708
사이버3	.684
사이버4	.643
사이버5	.683
사이버6	.643

요인추출 방법: 주축 요인추출.
a. 1 요인이 추출되었습니다. 4의 반복계산이 요구됩니다.

4) 정부 대응성

상관행렬a

		대응성1	대응성2	대응성3	대응성4
상관계수	대응성1	1.000	.726	.511	.451
	대응성2	.726	1.000	.485	.397
	대응성3	.511	.485	1.000	.501
	대응성4	.451	.397	.501	1.000
유의확률(한쪽)	대응성1		.000	.000	.000
	대응성2	.000		.000	.000
	대응성3	.000	.000		.000
	대응성4	.000	.000	.000	

a. 행렬식=.234

KMO와 Bartlett의 검정

표준형성 적절성의 Kaiser-Meyer-Olkin 측도.		.735
Bartlett의 구형성 검정	근사 카이제곱	173.868
	자유도	6
	유의확률	.000

공통성

	초기	추출
대응성1	.574	.706
대응성2	.545	.613
대응성3	.370	.441
대응성4	.304	.337

추출 방법: 주축요인추출.

설명된 총분산

요인	초기 고유값			추출 제곱합 적재값		
	전체	% 분산	% 누적	전체	% 분산	% 누적
1	2.544	63.594	63.594	2.097	52.435	52.435
2	.699	17.474	81.069			
3	.486	12.153	93.221			
4	.271	6.779	100.000			

추출 방법: 주출요인추출.

스크리 도표

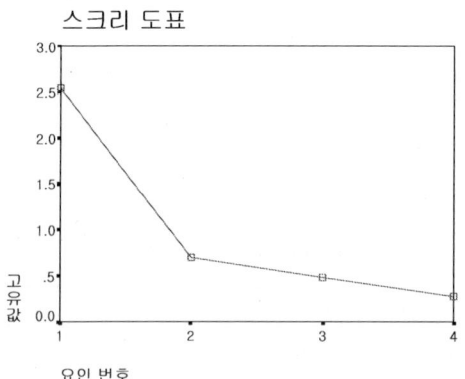

요인 번호

요인행렬a

	요인
	1
대응성1	.840
대응성2	.783
대응성3	.664
대응성4	.581

요인추출 방법: 주축 요인추출.
a. 1 요인이 추출되었습니다. 8의 반복계산이 요구됩니다.

5) 행정지원 노력

상관행렬a

		지원1	지원2	지원3	지원4	지원5
상관계수	지원1	1.000	.652	.534	.482	.507
	지원2	.652	1.000	.561	.476	.534
	지원3	.534	.561	1.000	.513	.530
	지원4	.482	.476	.513	1.000	.529
	지원5	.507	.534	.530	.529	1.000
유의확률(한쪽)	지원1		.000	.000	.000	.000
	지원2	.000		.000	.000	.000
	지원3	.000	.000		.000	.000
	지원4	.000	.000	.000		.000
	지원5	.000	.000	.000	.000	

a. 행렬식=.139

KMO와 Bartlett의 검정

표준형성 적절성의 Kaiser-Meyer-Olkin 측도.		.851
Bartlett의 구형성 검정	근사 카이제곱	235.920
	자유도	10
	유의확률	.000

공통성

	초기	추출
지원1	.493	.569
지원2	.517	.603
지원3	.442	.536
지원4	.385	.449
지원5	.427	.510

추출 방법: 주축요인추출.

설명된 총분산

요인	초기 고유값			추출 제곱합 적재값		
	전체	% 분산	% 누적	전체	% 분산	% 누적
1	3.129	62.584	62.584	2.667	53.330	53.330
2	.597	11.933	74.518			
3	.466	9.324	83.842			
4	.464	9.286	93.128			
5	.344	6.872	100.000			

추출 방법: 주축요인추출.

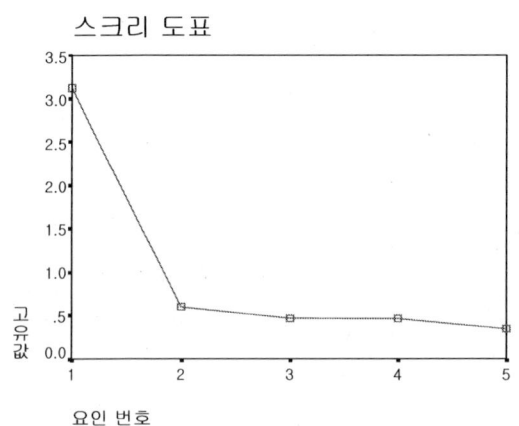

스크리 도표

요인행렬 a

	요인
	1
지원1	.754
지원2	.776
지원3	.732
지원4	.670
지원5	.714

요인추출 방법: 주축 요인추출.
  a. 1 요인이 추출되었습니다. 5의 반복계산이 요구됩니다.

6) 시민참여의 양

상관행렬a

		양적참1	양적참2	양적참3	양적참4
상관계수	양적참1	1.000	.405	.498	.416
	양적참2	.405	1.000	.394	.373
	양적참3	.498	.394	1.000	.677
	양적참4	.416	.373	.677	1.000
유의확률(한쪽)	양적참1		.000	.000	.000
	양적참2	.000		.000	.000
	양적참3	.000	.000		.000
	양적참4	.000	.000	.000	

a. 행렬식=.311

KMO와 Bartlett의 검정

표준형성 적절성의 Kaiser-Meyer-Olkin 측도.		.726
Bartlett의 구형성 검정	근사 카이제곱	140.037
	자유도	6
	유의확률	.000

공통성

	초기	추출
양적참1	.304	.372
양적참2	.226	.272
양적참3	.522	.706
양적참4	.475	.567

추출 방법: 주축요인추출.

설명된 총분산

요인	초기 고유값			추출 제곱합 적재값		
	전체	% 분산	% 누적	전체	% 분산	% 누적
1	2.394	59.848	59.848	1.917	47.936	47.936
2	.711	17.770	77.618			
3	.581	14.520	92.138			
4	.314	7.862	100.000			

추출 방법: 주축요인추출.

스크리 도표

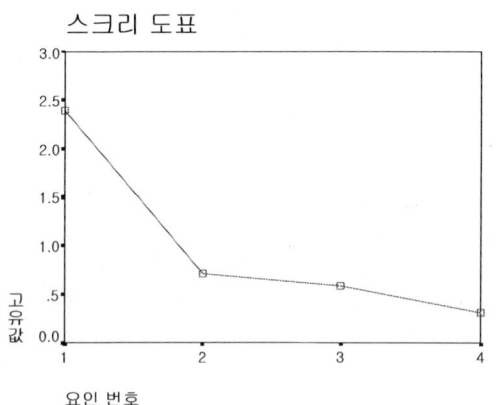

요인행렬a

	요인
	1
양적참1	.610
양적참2	.522
양적참3	.840
양적참4	.753

요인추출 방법: 주축 요인추출.
 a. 1 요인이 추출되었습니다. 10의 반복계산이 요구됩니다.

7) 시민참여의 질

상관행렬a

		질적참1	질적참2	질적참3	질적참4
상관계수	질적참1	1.000	.576	.527	.588
	질적참2	.576	1.000	.741	.568
	질적참3	.527	.741	1.000	.596
	질적참4	.588	.568	.596	1.000
유의확률(한쪽)	질적참1		.000	.000	.000
	질적참2	.000		.000	.000
	질적참3	.000	.000		.000
	질적참4	.000	.000	.000	

a. 행렬식=.156

KMO와 Bartlett의 검정

표준형성 적절성의 Kaiser-Meyer-Olkin 측도.		.782
Bartlett의 구형성 검정	근사 카이제곱	223.003
	자유도	6
	유의확률	.000

공통성

	초기	추출
질적참1	.434	.494
질적참2	.602	.698
질적참3	.596	.678
질적참4	.466	.543

추출 방법: 주축요인추출.

설명된 총분산

요인	초기 고유값			추출 제곱합 적재값		
	전체	% 분산	% 누적	전체	% 분산	% 누적
1	2.800	70.005	70.005	2.412	60.312	60.312
2	.533	13.320	83.326			
3	.417	10.425	93.750			
4	.250	6.250	100.000			

추출 방법: 주출요인추출.

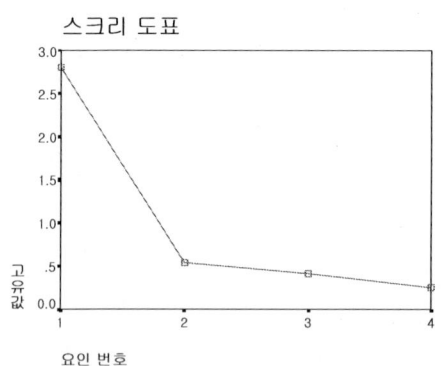

스크리 도표

요인행렬a

	요인
	1
질적참1	.703
질적참2	.835
질적참3	.823
질적참4	.737

요인추출 방법: 주축 요인추출.
  a. 1 요인이 추출되었습니다. 6의 반복계산이 요구됩니다.

부록 5_시민참여결과 활용의 설문지

안녕하십니까?

본 설문은 선생님께서 수행하시는 업무와 관련하여 홈페이지를 통하여 제안된 시민들의 의견을 어떻게 활용하는지에 관한 사항들을 조사하기 위함입니다. 구체적으로 시민참여결과의 질, 시민참여 결과 양, 조직 도움 정도, 시민과의 의사소통 정도 및 결과의 활용 정도를 파악하기 위함입니다.

각 문항을 읽어 보시고 이에 해당되는 사항, 즉 매우 긍정, 긍정, 보통, 부정, 매우 부정 중에서 가장 적합한 것에 한 개만 √를 표시하여 주시면 됩니다.

바쁘신 와중에 어려운 부탁을 드려 죄송하지만, 적극적인 협조를 부탁드립니다. 그리고 본 설문지는 익명으로 처리되며, 비밀이 보장되고 연구목적 이외에는 사용되지 않음을 알려드립니다. 귀한 시간 내주신 데 대해 감사드리며, 좋은 하루 되시기 바랍니다.

감사합니다.

2008. 12.

윤종헌

1. 선생님의 업무와 관련하여 홈페이지를 통하여 제안된 시민들 의견의 질적, 양적 정도에 관한 사항입니다.

	매우 긍정	긍정	보통	부정	매우 부정
정책, 제도, 사업 및 업무의 내용을 개선한다.	5	4	3	2	1
정책, 제도, 사업 및 업무의 과정을 개선한다.	5	4	3	2	1
업무 관련 시민제안이 많다.	5	4	3	2	1
시민제안 및 정부답변에 대한 댓글이 많다.	5	4	3	2	1
시민제안 및 정부답변에 대한 조회가 많다.	5	4	3	2	1

2. 홈페이지를 통한 시민참여와 관련하여 선생님이 속한 조직의 일반적 특성에 관한 사항입니다.

	매우 긍정	긍정	보통	부정	매우 부정
시민제안은 업무처리 절차를 개선한다.	5	4	3	2	1
시민제안은 조직문화를 긍정적인 방향으로 개선한다.	5	4	3	2	1
시민참여를 중요하게 여기는 조직문화이다.	5	4	3	2	1
업무에 관한 시민과 공무원 간의 의사소통이 용이하다.	5	4	3	2	1
홈페이지를 통한 시민 동원이 잘되며, 이를 통한 정치적 반영 기회가 많다.	5	4	3	2	1

3. 선생님의 홈페이지를 통한 시민제안에 대한 **활용**에 관한 사항입니다.

	매우 긍정	긍정	보통	부정	매우 부정
정책문제 개선을 위한 직접적 수단으로 활용된다.	5	4	3	2	1
정책관련 인식 재고를 위하여 활용된다.	5	4	3	2	1
확정되었거나, 혹은 확정되지 않은 사안에 대한 시민설득을 위하여 활용된다.	5	4	3	2	1

4. 사회·인구통계에 관한 사항입니다.

　1) 귀하의 성별은? ① 남　　② 여

　2) 귀하의 나이는?

　① 25세 미만　② 25세 이상 – 30세 미만

　③ 30세 이상 – 35세 미만　④ 35세 이상 – 40세 미만

　⑤ 40세 이상 – 45세 미만　⑥ 45세 이상 – 50세 미만

⑦ 50세 이상 – 55세 미만   ⑧ 55세 이상 – 60세 미만

⑨ 60세 이상

3) 귀하의 직급은?

① 3급   ② 4급   ③ 5급   ④ 6급   ⑤ 7급   ⑥ 8급   ⑦ 9급

4) 귀하의 소속부처는?_____

5) 귀하의 공직근무 연한은?

① 5년 미만   ② 5년 이상 – 10년 미만

③ 10년 이상 – 15년 미만   ④ 15년 이상 – 20년 미만

⑤ 20년 이상 – 25년 미만   ⑥ 25년 이상 – 30년 미만

⑦ 30년 이상 – 35년 미만   ⑧ 35년 이상

6) 귀하의 최종학력은?

① 중졸 이하   ② 고졸   ③ 대졸

④ 대학원 석사졸   ⑤ 대학원 박사졸

윤종현(尹鐘炫)

▌약력

숭실대학교 대학원 졸업(행정학 박사)
현) 한국지방행정연구원 수석연구원

▌주요논문 및 저서

『지방분권개혁의 전략과 과제』(경기개발연구원, 2008), 공저.
『한국 정부혁신의 남미전파 및 확산 연구』(한국행정연구원, 2007), 공저.
「전자정부 시민제안의 활용에 관한 연구」, 2007.
「정책집행 이후 여론과 정책위상 변화에 관한 연구」, 2008.

제한적 e-시민참여와 선택적 정부 활용

초판인쇄 | 2009년 1월 23일
초판발행 | 2009년 1월 23일

지은이 | 윤종현
펴낸이 | 채종준
펴낸곳 | 한국학술정보㈜
주 소 | 경기도 파주시 교하읍 문발리 513-5 파주출판문화정보산업단지
전 화 | 031) 908-3181(대표)
팩 스 | 031) 908-3189
홈페이지 | http://www.kstudy.com
E-mail | 출판사업부 publish@kstudy.com

등 록 | 제일산-115호(2000. 6. 19)
가 격 | 11,000원

ISBN   978-89-534-0980-4 93330(Paper Book)
        978-89-534-0981-1 98330(e-Book)